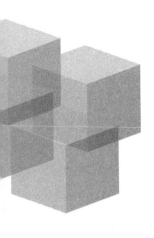

信息化时代企业档案管理
创新性研究

毕　然　严梓侃　谭小勤　著
编　委　黄嘉颖　胡伟航

新华出版社

图书在版编目（CIP）数据

信息化时代企业档案管理创新性研究 / 毕然 , 严梓侃 , 谭小勤著 .
北京 : 新华出版社 , 2022.2
ISBN 978-7-5166-6200-7

Ⅰ . ①信… Ⅱ . ①毕… ②严… ③谭… Ⅲ . ①企业管
理 – 档案管理 – 研究 Ⅳ . ① G275.9

中国版本图书馆 CIP 数据核字 (2022) 第 033684 号

信息化时代企业档案管理创新性研究

作　者：毕　然　严梓侃　谭小勤	
责任编辑：董朝合	**封面设计：**优盛文化

出版发行：新华出版社
地　　址：北京石景山区京原路 8 号　　**邮　　编：**100040
网　　址：http://www.xinhuapub.com
经　　销：新华书店、新华出版社天猫旗舰店、京东旗舰店及各大网店
购书热线：010-63077122　　**中国新闻书店购书热线：**010-63072012

照　　排：优盛文化
印　　刷：石家庄汇展印刷有限公司

成品尺寸：170mm×240mm
印　　张：12.5　　　　　　　　　　**字　　数：**218 千字
版　　次：2022 年 2 月第一版　　　　**印　　次：**2022 年 2 月第一次印刷

书　　号：ISBN 978-7-5166-6200-7
定　　价：65.00 元

企业档案是企业生产、经营、管理活动的真实记录，是企业有形资产的凭证和无形资产的组成要素，是企业重要的信息资源，为企业提供所需要的信息资源，具有信息参考价值和信息支撑作用。企业档案管理是企业管理的重要组成部分，是规范企业管理、积累各项管理经验、全面准确反映企业经营发展过程和历史的系统，是维护企业利益的有效手段。

随着信息技术的成熟，计算机以及计算机技术在企业中被广泛应用，企业可以借此提升经营管理效率，创造更大的企业经济效益。

在信息化时代，企业该如何利用计算机对档案信息资源进行整理、分类，从而提高企业档案工作的效率呢？又该如何提高企业档案利用率，提供具有针对性的档案信息服务呢？企业应该抓住信息化时代带来的发展机遇，积极应用现代信息技术，创新企业档案管理工作，为企业提供高质量、高水平的档案信息服务，促进企业的进一步发展。

信息化建设势必会影响企业档案管理的内容、方式、手段等，企业档案信息化是企业档案管理的必然趋势，本书将对信息化时代企业档案管理进行进一步探讨和研究。

第1～3章，主要对企业档案的基础知识进行简单介绍，包括企业档案工作的内容和原则、企业档案管理的现状，并阐述了信息化时代企业档案管理的创新方向和信息化建设对企业的影响。

第4章，介绍了企业档案信息化建设的内容和作用，并分析了影响企业档案信息化建设的因素，提出了企业档案信息化发展的科学策略。

第5～7章，介绍了基于信息化企业档案管理的创新研究，包括技术创新、业务创新和管理模式创新，从企业档案信息的数字化到为企业提供档案利用服务，进行了详细分析。

第8章，从实践出发，以广州市建筑集团有限公司构建数字档案馆室一体化平台为例，介绍了项目背景、项目内容等，并深入阐述了企业档案信息化建设的详细方案。

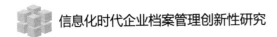

　　本书结构严谨，内容层层递进，语言深入浅出，系统地介绍了信息化时代企业档案管理的创新研究，希望对企业档案管理人员有所帮助。由于笔者水平有限，难免会存在不足之处，敬请广大读者批评指正！

2021 年 8 月 9 日

第 1 章　企业档案管理绪论

企业档案管理属于企业管理学，同时又涉及档案学的基础知识，研究的是企业档案管理的原则和方法，具有较强的实践性和应用性。

本章就企业档案管理整体进行论述，就企业档案管理的内容和特征、收集与整理等工作进行阐述，帮助读者对企业档案管理形成初步认知。

1.1　企业档案的概念及特征

说起企业档案管理，就必须涉及企业档案，企业档案管理是随着企业档案的发展而逐渐形成的。企业不仅是产生企业档案的主体，还是发挥企业档案作用的场所。那么，究竟什么是企业档案呢？企业档案又具有哪些特征呢？本节就这些问题进行阐述。

1.1.1　企业档案的概念

企业档案是档案的类别之一，和国家机关档案、军队档案等不同，企业档案研究的是在企业生产过程中产生的档案，并对其进行管理的原则和方法。随着企业档案工作的开展，不可避免地出现了很多技术档案、科技档案，对这些档案不断进行完善、管理，逐渐产生了企业档案的概念。目前，对企业档案的概念主要有两种观点。

（1）法规类文件中企业档案的定义

从法律的角度来讲，法规类文件对企业档案的概念在不断改变，最早可追溯到 1987 年，这也是我国第一次提出企业档案的概念。

1987 年，国家经委、国家计委、国家档案局制定的《国营企业档案管理暂行规定》中，将企业档案定义为"企业在各项活动中形成的全部档案的总和"。随着企业的不断发展，企业档案的概念也有了新的变化，2002 年，国家档案局、国家经贸委、国家计委印发的《企业档案管理规定》中将企业档案界定为"企业在生产经营和管理活动中形成的对国家、社会和企业具有保存价值的各种形式的文件材料"。2009 年，国家档案局发布的《企业档案工作规范》指出，"企业档案是指企业在研发、生产、经营和管理活动中形成的有保存价值的各种形式的文件"。

从上述企业档案概念的变迁中，我们不难看出，企业档案的定义是由企业档案管理的实际需要决定的，定义通俗易懂，具有较强的指导性和可操作性。从单纯的企业档案，到逐渐开始关注企业档案的社会效益、经济效益及企业所担负的社会责任，体现着人们对企业档案的认识在不断进步。

（2）学术著作中企业档案的概念

在学界学者看来，从学术研究的角度探讨企业档案的概念，其定义简洁、抽象，更加深刻。

简单地说，企业档案是在企业生产经营、管理制造以及进行科学研究等活动中产生的文件和材料，其形式包括文字、图表、声像等不同类型。

1.1.2 企业档案的特征

（1）记录企业的职能活动

企业的各项职能活动都会产生企业档案，与之相对应的，企业档案记录着企业的各项职能活动，呈现着活动成果，并对职能活动的全过程有所涉及，发挥着十分重要的作用，涉及的内容更是方方面面，包罗万象，如财务、人事、管理等，十分复杂，可以说，企业档案是对企业活动的"日记"，反映着已经完成的职能活动或未来即将发生的活动。

（2）是由企业直接形成的

在企业档案的形成过程中，企业档案始终记录着第一手资料，可以说企业档案是最原始的记录，直接产生于企业的各项职能活动。这也是企业档案区别于其他资料的重要特点，活动之后撰写的材料就不属于企业档案了。

（3）具有保存备查价值

并不是所有的企业文件都属于企业档案，企业档案具有保存备查价值，这是企业档案的重要特征之一，可以据此来区分企业档案和企业文件，只有具有保存备查价值的文件才能通过归档转化，进而形成企业档案。

（4）载体形式多样

企业在进行各项职能活动时，总是会产生企业档案，其载体形式也是丰富多样的，可以是常见的纸质档案，也可以是特殊载体记录的照片、图像、音频等企业档案，特殊的载体有磁性材料、感光材料或其他合成材料。还可以是证书、奖杯等形式的实物材料。

　　企业档案的划分标准有很多，可以按照来源、形式、活动等标准进行划分，但在实际应用中，为了对企业档案进行更好的管理，一般按照档案内容把企业档案划分为以下几种（图 1-1）。

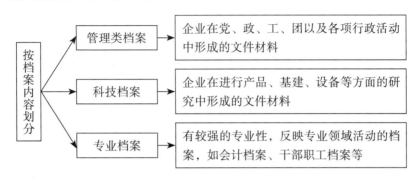

图 1-1　按内容划分企业档案的种类

　　根据企业档案的内容划分档案种类，档案的类目更加精简，可以有效指导企业活动，然而，根据档案内容进行分类时，往往会有这样一个问题，即各类别的档案之间有时会有交叉，不能很好地进行分类。因此，又出现了"十大类"划分法。该方法对应企业不同的职能活动，对企业档案进行细分，可分为十种（图 1-2）。

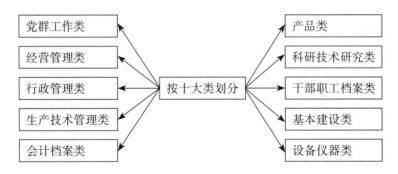

图 1-2　"十大类"划分法企业档案种类

　　"十大类"的划分方法更加详尽，几乎涵盖了一般企业的所有档案种类，但随着现代企业的不断发展，其职能活动划分越来越细，会不断有新的类别的企业档案出现，企业档案的分类方法也会不断改进和完善。

　　企业档案记录着企业的各项职能活动，是企业活动的"再现"，包含了很多方面的内容，因此其对企业的影响是全方位的，还有助于维护企业的经济利益和合法利益。除此之外，企业档案是管理、改善企业管理的重要工具，企业可以根据企业档案资料对企业的职能活动进行创新。同时，企业还可以根据档案内容创建企业文化，为企业文化的形成添加养料。

1.2 企业档案工作的内容及原则

在了解什么是企业档案的概念和特点之后，本节对企业档案工作的内容是什么，为什么可以指导企业的工作等问题进行阐述，并介绍企业档案工作的原则。

1.2.1 企业档案工作的内容

在实际应用中，企业档案工作的内容可以简单概括为两部分，即业务管理工作和行政管理工作。

（1）业务管理工作

企业在生产活动中会产生很多文件，其中，可以把基础管理工作和信息开发工作归纳为企业档案的业务管理工作，主要负责企业的八大环节工作（图1-3）。

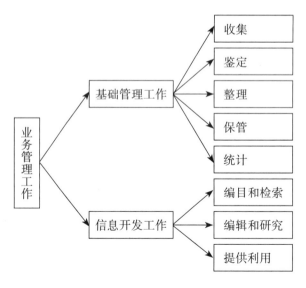

图1-3 业务管理工作的内容

在企业档案的业务管理工作中，其工作内容主要由收集、鉴定、整理、保管、统计、编目和检索、编辑和研究、提供利用这八大环节组成。其中，基础管理工作是基础和保障，保证后续的信息开发工作顺利开展。信息开发工作展现着基础工作的成果，是进行业务管理工作的目标。在进行企业档案业务管理工作时，只有同时兼顾这两者，才能最大限度地实现其价值。

　　收集环节：是指企业按照相关的法律制度，将企业实践过程中产生的具有保存价值的、重要的企业文件收集起来。为了更好地进行收集工作，企业最好在企业文件形成阶段进行控制，确保收集工作的顺利进行。

　　鉴定环节：在接收企业档案时，往往需要判定企业档案的价值，需要经历初次鉴定和再次鉴定两个阶段，前者是指初次接收档案时对档案的价值进行判断，确定保存期限；后者是指达到保存期限时，再次做出判断，是选择继续保存还是销毁。

　　整理环节：在经过鉴定环节之后，需要根据企业制定的相关制度或办法对收集的企业档案进行整理，包括分类、排列和编目等工作。

　　保管环节：在进行企业档案的整理之后，企业需要依据企业档案的内容和载体形式等，选择合适的保管办法，并做好安全防护工作，确保企业档案的信息安全。

　　统计环节：对企业档案工作的各种数据进行统计，包括统计调查、整理、分析企业档案中的数据，进行统计工作有助于企业了解档案管理的情况，做好监控工作。同时，当企业制定企业档案的管理制度时，统计工作可以为其提供数据支撑。

　　编目和检索环节：对企业档案进行编目工作，以方便今后对企业档案进行检索，具体包括著录、制作目录以及标引和组织工作。

　　编辑和研究环节：是指对企业库藏档案进行编辑、研究工作，随后输出有价值的档案信息，为企业的管理提供档案信息服务，使其更具有科学性和系统性。

　　提供利用环节：当企业档案信息被企业收藏、整理并保管好之后，就可以被其他企业或社会成员利用，创造更大的价值。

　　随着信息化进程的加快，企业档案的电子文件明显增多，企业档案数字化趋势明显，档案网络化服务成为不可阻挡的潮流和趋势。

　　（2）行政管理工作

　　企业档案行政管理工作的主要内容是对企业档案进行统筹规划，还包括组织协调、统一制度以及监督和指导工作（图 1-4），具有管理性、服务性、专业性和保密性的特点。

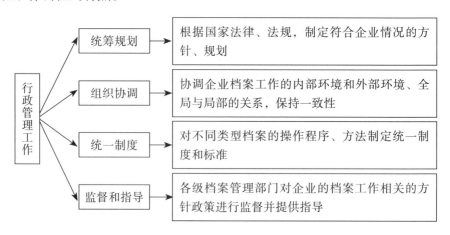

图 1-4　企业档案行政管理工作的内容

①管理性。

企业档案工作是一项基础性的管理工作。在企业管理工作功能方面，可以分为职能性管理工作和基础性的管理工作，前者包括生产、研发等管理工作，后者包括标准化、规范化的管理工作，而企业档案工作属于后者，是标准化、规范化的工作。

企业档案工作是一项信息管理工作。当今时代，科技信息已经成为发展的主旋律，信息资源越来越重要，关乎企业的生死存亡和进一步发展。相应的，企业信息管理工作对企业的发展也发挥着至关重要的作用，和直接创造经济效益的生产活动一样重要，企业档案工作为企业提供真实的、原始的、有价值的记录，是企业信息管理工作中重要的部分。当企业进行生产经营决策时，企业档案工作可提供有效的管理支撑和信息支撑，因此企业档案工作不可或缺。

企业档案管理工作是一项决策管理工作。企业档案往往会对企业决策产生影响，企业档案工作常常会以各种形式参与企业的发展决策，因此企业应该制定相应的措施来保证企业档案工作人员有效参与企业的决策管理。

②服务性。

在《企业档案工作规范》中明确了企业档案工作的服务性，"企业档案工作应……，为企业研发、生产、经营、管理和持续发展提供有效服务"。企业档案工作具有服务性主要体现在以下几个方面。

第一，企业档案工作的性质决定了其服务性。从整体来看，企业档案工作为企业的各项职能活动和管理工作提供信息支撑和依据，企业活力整个过程都离不开服务，将服务寓于管理之中。

第二，企业档案工作的方式决定了其服务性。和其他职能管理工作相比，企业档案工作具有辅助性，帮助企业进行正确的、科学的生产经营活动。企业档案工作并不能直接产生经济效益，为企业的发展带来直接影响，而是为各项职能活动提供信息支撑从而间接使企业获得知识成果或经济效益。

③专业性。

企业档案工作具有专业性主要体现在以下方面。

第一，企业档案工作在管理对象方面具有专业性。其管理对象是企业档案，同时，管理对象本身，即企业档案具有特殊性和专业性。

第二，企业档案工作在管理方法上十分专业。和其他职能管理工作不同，企业档案工作在内容和方法方面具有专业的管理原则，其方法也有专业的理论体系。

从理论和实践层面来看，企业档案工作都可以说是一项专业的工作，这也导致了企业档案工作的职能性管理工作和基础性管理工作分离。

④保密性。

企业档案中记录着很多企业活动的信息，这些信息十分重要。企业档案承载着企业的商业秘密，这决定了企业档案工作的保密性。例如，有的企业档案中甚至涉及国家机密事项，这就要求企业必须做好企业档案工作的保密措施，维护好企业和国家的利益。

1.2.2　企业档案工作的原则

企业档案工作的原则是企业在长期的实践工作中不断完善形成的，各个企业应该遵循这些原则以实现更好地管理企业档案工作，建立企业档案工作管理体制，为各项职能活动提供更好、更有效、更有价值的服务，其原则有以下几种。

（1）集中统一管理、分级负责

集中统一管理、分级负责原则是档案工作的基本原则之一，规定了企业档案工作的组织原则和基本管理方式，其内容有以下三点。

第一，根据有关的法律、法规或政策，各级档案行政管理部门需要对管辖范围内的企业制定企业档案工作的方针政策及发展规划，包括对企业档案工作

信息化时代企业档案管理创新性研究

的标准和业务规范进行规范，全面规划和统筹企业的企业档案工作。

第二，各级专业主管部门对所属企业的企业档案工作进行监督和指导，针对企业的实际情况，制定并落实相关的企业档案工作的规章制度。

第三，对企业来说，应在企业内部明确企业档案部门的职责，对本企业的档案工作进行统一领导并实行归口管理。企业档案部门建立统一的管理制度、业务标准等，并对企业所属的子公司的档案工作进行指导和监督，使企业档案工作更加标准和规范，方便统一管理。

（2）**企业档案的完整性和安全性**

对企业档案工作来说，保证企业档案的完整性和安全性是基本的要求。该如何确保企业档案的完整性呢？可以从收集齐全、整理系统两方面入手（图1-5）。

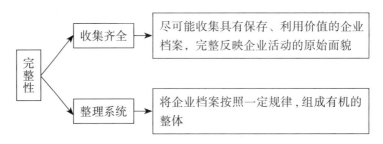

图1-5　企业档案的完整性

企业档案的安全性主要包含两个方面：一是企业档案的实体安全，即采取相关的管理或技术措施，对实体企业档案做好保存工作，尽可能延长企业档案的保存寿命；二是保证企业档案的信息安全，对企业档案中的内容信息做好保密措施，防止泄露，保证企业档案不丢失、不泄密。

（3）**对企业档案进行有效利用**

企业档案工作的基本出发点是实现企业档案的有效利用，这也是最终目的。企业档案是否得到有效利用，不仅是衡量和检验企业档案工作的标准，也是实现企业档案价值的标准。对企业档案进行有效利用，是企业档案工作追求的目标，是企业档案部门得以持续发展的前提。

1.2.3　企业档案工作的目标

在企业实践活动中，做好企业档案工作不仅可以维护企业的权益，增强企业的竞争力，让企业更好地发展，还可以维护国家的权益，保护国家档案资

10

源，实现企业档案的合理利用。企业档案工作的任务主要包括以下两个方面。

第一，贯彻落实国家有关企业档案工作的政策和法律、法规等，实现科学管理。

第二，积极开发企业档案信息资源，做出长远的规划和统筹，以支持和满足党和国家对企业档案的需求，实现对企业档案的知识管理。

要想做好企业档案工作，就要积极建设企业档案的业务建设和信息服务工作，在管理方面，需要企业的领导层重视并积极支持档案工作；在制度方面，设置专门的企业档案工作机构，建立相关的企业档案工作的管理制度和标准；在人才方面，培养高素质、复合型的企业档案工作管理人员，并完善相关的硬件设施等。

现阶段，我国的企业档案工作相对凌乱，缺乏科学的管理体制和方式，而随着信息化时代的到来，各种先进的信息化技术在企业中的应用，可以为企业档案的收集、整理、保管等工作提供极大便利，因此，需要对企业档案进行科学化、信息化、集约化管理，实现企业档案工作资源的最大化利用，这也是企业档案工作的目标（图 1-6）。

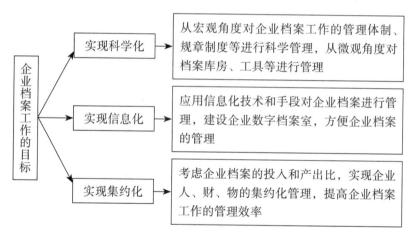

图 1-6　企业档案工作的目标

1.3　企业档案工作的组织与管理

我国企业档案管理工作体制分为宏观管理体制和微观管理体制（图 1-7）。

宏观管理体制主要包括对企业档案工作的统筹管理、组织协调和监督指导等；微观管理主要包括企业档案管理职能定位、隶属关系、组织职能架构等。

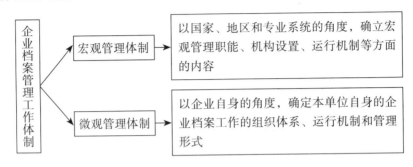

图1-7　企业档案管理工作体制

1.3.1　国家对企业档案工作的管理体制

国家对企业档案工作的管理可以分为三个层次进行。

第一，国家档案局对全国企业的档案工作进行统一管理。通过制定和完善对企业档案工作的规章制度、标准和规范等，进行统筹规划、组织协调，使企业档案工作符合国家档案事业发展，可以满足企业发展和国家经济建设的需要。

第二，各级档案行政管理部门对企业档案工作进行监督和指导。地方或地区的档案行政管理部门依据国家档案局制定的方针和政策，结合本地区的实际情况，对所属企业的档案工作进行监督和指导，促进企业档案事业的发展。

第三，各专业主管部门对本专业（行业）的企业档案工作进行管理。根据本专业（行业）的特点对本专业（行业）的企业档案工作进行规划，制定具有针对性的具体要求和规章制度。这样可以加强本专业（行业）的企业档案工作，对其按照专业（行业）实行集中统一领导。

在国家档案局的统一领导下，在各级档案行政管理部门的监督和指导下，加上各专业主管机关的密切合作，对所属系统的企业档案工作实行监督和指导的管理体制，可以很好地完成企业的档案工作，使其获得全面、健康的管理和监督，更好地发展。

1.3.2　企业自身对企业档案工作的管理体制

从微观角度来讲，企业自身需要对企业档案工作进行规划，包括企业档案工作领导、机构设置、人员配置和工作职责等。

（1）**企业档案工作领导**

企业档案工作领导体系，需要从企业分管领导，各职能、承办、项目工作负责人，档案部门负责人三个层次进行设置（图1-8），确保企业档案工作的各个环节都有专人负责。

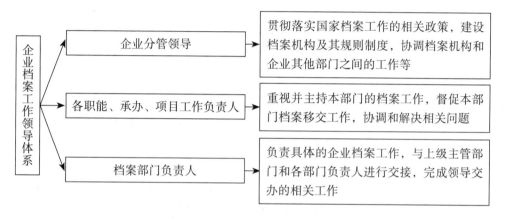

图1-8 企业档案工作领导体系

企业分管领导是档案工作的总负责人。档案工作被纳入企业领导议事日程，往往由企业分管综合部门的领导负责。

各职能、承办、项目工作负责人对部门或项目的文件材料的形成和归档等工作进行领导和管理。

档案部门负责人是对档案工作进行组织和落实的领导，如档案处、档案馆的负责人等。

（2）**企业档案机构设置**

企业档案机构主要保存企业档案，是重要的企业知识资产、信息资源部门，负责企业档案的收集、整理、鉴定和保管，为各种企业活动提供信息资源。

企业应当设立单独的档案机构，如档案室、档案资料信息中心等，规模较小的企业可以设置相应的机构来承担档案管理职能，设置企业档案机构主要有以下几种形式。

第一，企业档案馆。对大型企业来说，特别是资本密集、技术密集型的企业，其企业建立的时间较长，内部职能部门多或有很多子公司，档案数量较多，具有雄厚的经济基础和能力，因此成立档案馆是发展的客观要求，不仅有助于企业档案信息的整合和开发利用，还可以进一步为企业的各项活动提供信息支撑。

第二，企业档案室。企业档案室是最普遍、最常见的企业档案机构的形式，负责统一保存和管理本企业的档案材料，属于企业职能管理系统中的一部分，只为本企业内部人员提供相应服务。

第三，档案资料信息中心。对于那些经济基础较差、规模较小的企业来说，为了节约物力和人力，常常将档案、资料、情报等职能统一起来，整合为一个机构，成立档案资料信息中心。这类机构根据职能的不同，其服务方向和工作内容往往有所差异，但需要注意，在建立该机构时，要注意保持档案工作的独立性，不要混淆或削弱档案工作。

无论企业选择设置哪种形式的档案工作机构，都必须遵循科学性原则，将企业档案工作落实到部门和个人，建立相应的规章制度，确保企业档案工作的顺利进行。

企业档案机构同时是国家档案机构的组成部分，根据有关规定向国家档案馆或有关单位移交档案，如干部职工档案。企业档案机构的设置关乎企业档案事业的发展，十分重要。

（3）企业档案工作人员配置

在进行企业档案工作时，企业档案工作人员才是其中的"关键"，是基本力量，也是企业档案管理工作中最重要、活跃的部分，因此对企业档案工作人员要有一定的要求——具有较高的综合素质。

首先，档案工作人员直接接触企业的档案资料，需要具有较高的政治觉悟和道德素质，有坚定的、正确的政治方向，政治责任感强烈，全心全意为党和国家事业服务，严守企业机密，忠于职守，爱岗敬业。这是企业档案工作人员最基本的素质。

其次，档案工作人员要具有扎实的业务和知识素质。档案工作人员需要收集、整理、鉴定企业档案，因此需要具备扎实、专业的档案管理知识，熟练掌握相关的技术。随着档案信息化、智能化的发展，企业档案工作人员需要不断提升自身的能力，尤其是信息技术的掌握能力，有针对性地、主动为企业的各项活动提供良好的服务。

要提高企业档案工作人员的素质，就要不断加强教育和培训，这样才能使其适应企业不断深化发展的工作需求。首先，需要从多层次、利用多种方式进行教育和培训。例如，对不同知识水平、不同年龄阶段的工作人员进行分层培训，对从事不同档案工作的人员进行定向培训，通过具有针对性的培训方式来提高档案工作人员的工作能力。其次，注重企业档案工作人员的合理配置，将专业人才放到合适的岗位，使其可以发挥自己的专业优势，根据不同档案工作的要求，结合档案工作人员的专业技能，做到知人善任，合理配置岗位职责。最后，企业需要保持企业档案工作人员的稳定。对于企业来说，企业档案完整、连续地记录了企业活动的过程，只有企业档案工作人员相对稳定，才能保证企业档案工作具有连续性，实现其稳定发展。

（4）企业档案工作职责

为了更好地保障企业档案工作的顺利进行及发展，企业应明确企业档案工作职责，需要做好以下几个方面。

第一，根据国家对企业档案的相关法律和政策的规定，将档案工作纳入企业的工作计划之中，建立、健全企业档案工作的规章制度。

第二，对文件的形成、积累、归档做出明确规定，明确分管领导、部门等相关人员的岗位职责，并对其职责履行情况进行分析考核。

第三，采取相对应的措施，确保做好企业档案的管理和维护工作，保证档案的完整性、准确性、系统性、安全性。

第四，在企业资产和产权发生变动时，做好企业档案的处置、交接工作。

第五，表彰或奖励企业档案工作中有突出成绩的集体或个人，处分因违反相关规定对企业档案造成损失的人员和集体。

（5）企业档案管理模式

随着信息化时代的到来，企业数量的不断增加，现有的企业档案工作显然不再适合现在的形势，不能机械地使用统一的标志，企业需要根据自己的经营模式，灵活制定适合自身发展的管理体制。

企业要建立并不断完善企业内部的档案工作体系，明确档案工作的领导、负责人和各个工作环节的负责人，根据自身经营发展和现状建设合理的档案机构。例如，民营企业档案管理往往出于经济效益的考虑，其机构设置比较精干高效。但无论采取何种形式，都必须符合国家的法律法规，保证企业档案的安全。

在建设企业档案工作的内部管理体制时，要注意统一领导、统一管理、统一制度、统一标准。不仅可以自身设置档案管理机构，也可以选择档案寄存中心等社会服务机构进行有偿式档案管理。

1.3.3　企业档案工作的管理制度

企业档案工作的管理制度可以维护企业档案工作的正常开展，维护其工作秩序，具有指导性和约束力，主要由企业档案工作规章、管理制度以及业务规范组成。

（1）**工作规章**

企业档案工作规章明确了档案工作在企业中的地位和作用，是档案工作的基本法，主要依据国家有关档案的法律法规制定，主要包括制定企业档案工作规定（办法）、建立档案工作责任追究制度、制定档案管理应急预案三个部分的内容（图1-9）。

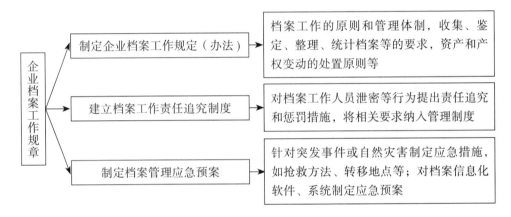

图1-9　企业档案工作规章的内容

（2）**管理制度**

管理制度是针对企业的工作环节制定的档案管理规定，由企业主管档案工作的部门制定，涵盖整个管理流程，主要包括以下方面的内容。

文件归档制度：包括文件归档范围、时间、程序、质量要求，确定保管期限，并制定相应的控制措施。

档案保管制度：对各门类档案的保管条件和载体形式等做出规范，制定受损档案处理办法、档案进出库要求、库房管理要求等。

档案鉴定销毁制度：对销毁或鉴定企业档案的组织、职责、要求和方法等做出规定。

档案统计制度：对企业档案的统计内容和要求以及统计数据分析做出规定。

档案利用制度：对企业档案利用的方式、方法做出规定，明确查阅企业档案的权限和审批手续。

　　档案保密制度：对档案形成者、管理者以及利用者做出保密职责的规定。

　　电子档案管理制度：随着企业档案信息化的进程，应对信息系统中的电子文件加强管理，对电子文件的归档、管理和利用做出明确规定。

　　档案管理系统操作制度：明确档案管理系统的操作人员的职责，加强对档案管理的相关系统软件、硬件的操作管理。

（3）业务规范

　　企业档案业务规范是对具体的档案工作的规范性要求，是操作指南，具体包括文件、档案整理规范，档案分类方案，归档范围和保管期限表，特殊载体档案管理规范四个方面（图 1-10）。

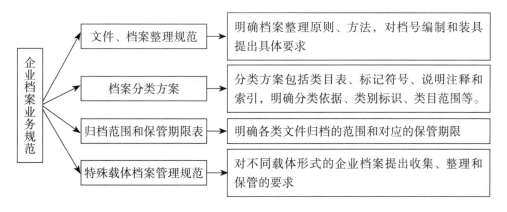

图 1-10　企业档案业务规范的内容

1.4　企业档案的收集与整理

　　在企业档案管理工作中，比较重要的工作就是收集和整理，这是企业档案管理中最基础的工作。

　　收集是指企业档案馆（室）接收或征集企业相关文件资料的活动，整理则是指按照一定原则对企业档案进行系统分类、组合、排列、编号和编目等工作。以下对几种常用的不同类型的企业档案的收集与整理工作进行简单介绍。

1.4.1　企业管理类档案

企业管理类的档案是指企业在其从事的各种职能活动中形成的、办理完毕的、应归档保存的文件，包括党群管理、行政管理、生产科技管理等活动中产生的各种文件。例如，在企业成立过程中形成的请示、批复等文件就属于管理类档案。

（1）归档范围

企业在各项职能活动过程中会形成或使用大量的文件材料，在进行企业档案收集工作时，并不需要将所有的文件进行归档，要正确判断文件的保存价值，确定文件的归档范围，做到应归尽归。其范围有以下四个方面。

①对本企业的各项活动、国家建设等具有利用价值的文件，如企业在研发、生产、管理、服务等活动中产生的文件。

②对维护国家、企业以及职工权益具有凭证价值的文件。

③和本企业有关的机关和上级单位的文件材料，包括社会机构出具的和本企业有关的文件材料，所属企业报送的重要文件等。

④根据有关规定应该归档保存的文件材料和其他具有查考价值的文件材料。

在确定企业文档归档范围时，需要从企业自身形成的文件和企业外部发送的文件两个方面进行综合考虑，根据原则性、指导性和宏观性进行收集，从企业自身的实际情况出发，合理、灵活、自主确定文件材料的归档范围。

（2）归档期限和时间

对管理类的企业档案来说，其归档时间一般在办理完毕后的第二年一季度。根据文件性质的不同，其归档时间也有所变化，如特殊的文件材料可以根据具体情况放宽归档时间；有关质量认证、产权产籍、知识产权、合同协议等的文件随时归档；重大活动、会议等形成的文件材料（照片、录像等）应在活动结束后归档。

（3）归档要求

按照"谁形成、谁具体承办、谁归档"的原则，各部门应定期整理应归档的文件，并且编制文件目录和移交清册，经双方签字确认后，交给企业档案管理机构。归档的文件需要齐全完整、真实准确、签章完备，符合档案保管要求，一般为原件，如果无原件，需要进行备注或说明，字迹清楚、图样、图表清晰整洁。

（4）档案整理步骤

在完成企业档案的收集工作之后，接下来需要对归档的文件材料进行整理，通常分为以下几个步骤。

第一，组件。对文件进行组织，确定归档文件的整理单位，一般以"件"为单位，为方便对"件"的管理，很多材料可以合为一件。例如，文件的正本与定稿合为一件，正文与附件合为一件，转发文与被转发文合为一件等。

第二，分类。按照企业文件的来源、时间、形式的不同，分成多个层次和类别，进行科学分类，保持归档文件的内在联系，构成有机体系。

第三，排列。在分类方案的最低一级类目内，按照文件材料归档时间并结合事由进行档案文件的排列。所谓最低一级类目，是指在类目体系中处在最低一级的类目，如在"年度——保管期限——机构"分类方案中，机构就是最低一级类目。

第四，编号。当完成归档文件分类和排列的工作之后，需要对归档文件进行编号，简单来说，就是给归档文件一个"身份证号"，可以用"身份证号"反映出归档文件的状况。

第五，编目。编制归档文件的目录，其目的是为了准确、详细、方便检索归档文件，应该以"件"为单位进行编制，以条目形式进行编制。

第六，整理。对纸质归档文件和电子归档文件进行进一步整理。对纸质归档文件进行修整、装订、编页、装盒和排架，对电子文件进行格式转换、元数据收集、归档数据组织、存储等。

1.4.2　企业科技类档案

收集企业科技类档案，是指将具有保存价值的科技文件资料集中并在档案管理部门进行统一管理。在收集和整理企业科技类档案的过程中，需要注意收集和整理的方法。

（1）收集方法

在收集企业科技类档案时，需要做好定向、定内容收集，具体包括以下几点。

①确定不同类别的科技档案的责任人，明确归档的责任单位。将科技文件材料的形成、积累以及整理归档纳入相关的岗位职责，并对相关的领导、项目负责人和有关工作人员进行考核，确保科技档案的收集质量。

②明确不同类别的科技档案的收集渠道。在企业的科技活动中，会产生大

量由多个部门共同形成的科技文件材料，企业需要对这些科技文件材料进行划分，规定每个部门归档的科技文件范围，收集、整理这些科技文件材料可以反映出企业科研、生产、建设等方面的文件，并及时移交归档。

③对那些和主持单位进行项目协作过程中产生的科技文件，需要做好收集工作。具体做法为：主持单位做好项目中的科技文件的收集工作，并将整个项目的科技文件按照归档要求进行整理，统一向档案部门移交归档；参与单位将自身承担的任务中形成的科技文件收集并整理，按照相关手续移交给主持单位。

④对于零散的科技文件，其他单位移交或转让时的科技档案要做好收集工作。

（2）**整理方法**

在进行企业科技类档案整理工作时，要注意科技档案的形成规律，令各个科技文件材料之间保持有机的联系，具有系统性，这样才能更好地保管和利用企业科技档案，整理时需要注意以下几点。

①在进行分类时，应该熟悉并掌握本企业的科技档案的内容，按照种类进行分类；确定分类的标准和方法，确定每大类目下的小类别；制定分类体系，拟定科技档案分类表；根据已经确定的排列顺序对每个类目赋予代号、代字。

②在进行组卷工作时，一般以卷、册、袋等作为最基本的管理单位。需要遵循科技文件的形成规律，保持卷内科技文件的有机联系，确保案卷成套。例如，对基建类科技文件材料可按照项目组卷，也可按照专业组卷。

③在进行企业科技类档案的排列工作时，需要体现分类、组卷的成果，同时不能破坏科技文件的形成规律，需要按照系统性、成套性原则进行文件排列，包括案卷内的科技文件排列和案卷之间的排列。

④在进行企业科技类档案编目工作时，其编目需要揭示案卷内科技文件的内容和成分，主要包括编写案卷内的文件页号、填写卷内目录、编制案卷封面等。

⑤在进行企业科技类档案的档号编制工作时，通常以字符的形式赋予该科技档案一组代码，采用"全宗号——分类号（项目代号或目录号）——案卷号"的形式。

⑥在对企业科技类档案进行装订时，既可以整卷装订，也可以件为单位进行装订。

⑦企业科技类档案的目录通常是以案卷为对象编制的，包括总目录、分目

录、全引目录等，可以打印后装订成册。

1.4.3　企业会计档案

在企业进行会计核算等活动的过程中不可避免地会形成和产生企业会计档案，其具有保存价值，反映了企业的经济业务事项，十分重要。

（1）**会计档案的归档范围**

会计档案的具体归档范围包括会计凭证及附件、会计账簿、财务报告、其他会计文件（图 1-11）。

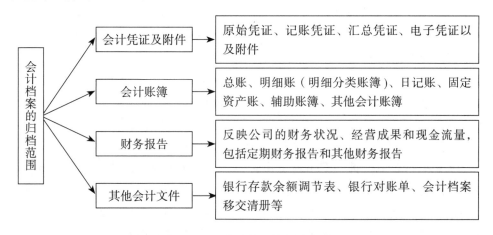

图 1-11　会计档案的归档范围

（2）**会计档案保管时间和期限**

会计档案在原则上可由单位会计管理机构临时保管 1 年，但最长不能超过 3 年。注意出纳人员不能兼管会计档案。档案保管到达期限之后，会计管理机构需要编制移交清册，移交给企业的档案管理部门。单位在建设期间形成的会计文档要在竣工之后及时移交，并按照相应的规定办理移交手续。

（3）**归档要求**

①符合档案安全保管要求，其数据具有原始性、真实性和安全性。

②如果利用计算机进行核算，应打印纸质档案，保证文件字迹清晰，有经手人员和会计主管人员的签字或盖章。

③记账凭证需有制单和审核人员，并有记账、经办人员和主管的签名或盖章，付款或收款凭证需有出纳签名或盖章。

④原始凭证包括借款单、费用报销单、相关发票等，不能使用复印件，加

盖"附件"印章。

⑤归档的会计核算材料确保真实、准确，会计凭证、账簿、财务报告等做好密封处理，并按规定签字盖章。

⑥在移交档案部门时，编制清楚会计档案移交清册，包括档案名称、卷号、档案编号等内容。

⑦对电子形式的会计档案来说，需要能够准确、完整地接收和读取相关的电子会计材料，符合长期保管的要求，并采取有效措施，保护电子会计档案不被篡改。

（4）会计档案的整理

在整理会计档案时，需要注意以下几个方面，才使会计档案整理有条理，方便其他企业活动利用。

①在企业会计档案分类时，应在企业自身内部总体分类方案下进行，保持分类的连续性。常常采用年度——类别或类别——年度的分类方法，如果其核算单位不同，应尽量分成不同的类别；如果核算单位相同，应尽量将这些会计档案归为一类。

②在进行企业会计档案组卷工作时，需要按照形成的规律，或者按照会计档案之间的有机联系，对不同类型、不同保管期限的会计档案加以区分，然后将会计核算材料进行组卷。不同类别的会计档案有不同的组卷方式，如会计凭证类可以按照年、月的顺序进行整理组卷；会计账簿则以自然形成的一本账簿为一卷等，

③在进行会计档案的编目和编号工作时，要注意案卷题名的规范，其结构要完整，需具备齐全的要素，利用简明的文字，如"某某公司某年某月会计凭证"。为方便后续的查找和利用，应符合本企业会计档案的特点，通常采用阿拉伯数字依次进行编制。

④对会计电子文档应具有数据保密和备份意识。企业应尽量做到将系统的数据每日备份，在年度进行会计档案整理时，需要用一次写入型光盘进行备份，备份数据包括凭证文件、报表、各种账簿、系统设置文件等。

1.4.4 企业干部职工档案

企业干部职工档案是最常见的企业档案，是在招聘、调任、考核和管理干部职工等工作中产生的，通常由人力资源管理部门进行管理。其中记录着干部职工的个人经历、政治思想、工作业绩、工作变动等情况，人力资源部门可以

通过干部职工档案全面、科学地了解员工的基本情况，十分重要，它是企业和国家档案的组成部分。

（1）干部职工档案的归档范围

人力资源管理部门要不断完善干部职工档案材料的归档范围和归档要求，这样才能让干部职工档案变得更加具有完整性、准确性和系统性。其归档范围包括干部职工的履历材料，自传材料，职业（任职）资格材料，鉴定、考核、考察材料，学历、学位、培训材料，政审材料等方面（图1-12）。

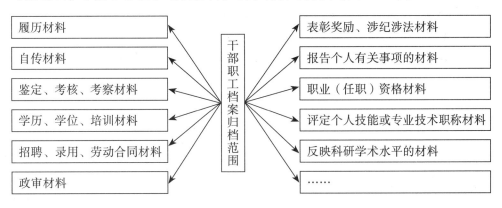

图 1-12　干部职工档案归档范围

（2）干部职工档案收集方法

不同于其他企业档案，干部职工档案的材料来源广泛，形成渠道有很多，涉及的方面也有很多。因此，在收集企业干部职工档案时，档案管理工作人员应及时向各部门收集相应的材料。例如，和人力资源管理人员进行沟通，将职工在本单位形成的干部职工文件材料及时归档，如考核、晋升、工资、离（退）休等材料；和业务培训部门沟通，收集培训材料；和科技业务部门沟通，收集技术发明、业务考绩等材料；和纪检监察司法部门沟通，收集受处分的材料；等等。企业档案管理部门需要定时与各个部门进行沟通，收集干部职工的个人材料。

（3）干部职工档案的整理

企业干部职工档案在进行整理是为了让档案更加方便管理，通常以个人为单元，按照一定的原则和方法进行整理，使之更加具有系统性和条理性。其整理可分为两种类型，一是新建干部职工档案的整理，一是对原有的干部职工档案进行补充，在整理时需要注意以下几个方面。

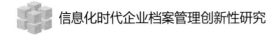

①在进行干部职工档案分类工作时，按照材料所属的不同类别进行分类，这样可以快速完成干部职工档案的分类工作，同时使分类更加具有条理、更加系统。

②在进行干部职工档案排列工作时，其档案应结合材料内容按照一定顺序排列，如根据材料的不同按照时间关系或主次关系或重要程度进行排列，具体的排列情况要根据实际情况来确定。

③在进行干部职工档案编目工作时，可以根据干部职工档案的分类和排列顺序进行编目，在档案的右上角编写类别号和顺序号，在右下角编写页号，然后编写相对应的目录。

④在完成编目工作之后，应该将案卷信息录入企业档案的信息管理系统。

第 2 章　我国企业档案管理现状

企业档案管理工作，不仅属于档案学的范畴，也属于企业管理的一个分支，影响着企业管理，对企业的发展有十分重要的作用。那么，企业档案管理又是如何一步步发展为今天的模式的呢？它的现状又如何呢？本章主要介绍了我国企业档案管理的发展历程和现有的企业档案管理模式，并就其存在的问题给出了对应的解决措施。

2.1　企业档案管理的发展历程

企业档案中记录着企业的各项职能活动，反映了企业进行生产、经营、管理的发展轨迹，不仅是企业的信息资源，更是企业积累的知识财富。

企业档案管理主要研究如何利用企业档案资料和相关的企业档案管理的原则和方法，具有较强的实用性和实践性。那么，企业档案管理体制是如何建立的，其发展历程又是怎样的呢？

中华人民共和国成立之后，在借鉴和研究旧中国和苏联档案学理论和实践的基础上，第一代档案学理论工作者对档案学的理论核心和基本体系结构进行探讨，根据档案的种类进行划分，主要形成了"档案管理学"和"科技档案管理学"，前者实际上是文书档案管理学，而后者是科技文件和档案。发展至今，我国的企业档案管理经历了创建期、恢复发展期和转型期三个阶段。

2.1.1　企业档案管理创建期

1949—1965 年是企业档案管理体制的形成期。中华人民共和国成立后，我国进入发展新阶段，也开始了对企业管理制度的探索，在这一时期，国营企业在进行生产经营活动时产生了大量的科技档案，为保证这些科技档案的有效收集、整理和利用，企业创建了科技档案管理体制，这可以看作企业档案管理体制的前身。

（1）宏观角度的企业档案管理体制

在社会主义初级阶段，各企业在生产过程中，形成了数量极大的技术图纸、资料等，如何对这些技术文件和档案进行管理呢？这需要建立科学的管理机制和合理的机构。

在计划经济体制的模式下，当时的企业是具有行政性质的组织，政府全面参与企业的管理，呈现出"政企不分，以政管企"的特点，企业不仅有自己的行政级别，还有上级主管部门。

为了方便对这些科技文件和档案的合理保存和利用，1956年国务院颁布的《关于加强国家档案工作的决定》指出，"档案工作基本原则是集中统一地管理国家档案，……"，随后国有企业开始建立集中和统一的档案管理体制，加大对企业档案的管理力度，采用以专业为基准的统一管理模式，档案行政管理部门和企业各级行业主管部门都可以指导、监督、检查企业档案工作。

（2）微观角度的企业档案管理体制

在计划经济体制下，从企业自身来说，其管理模式参考了政府机构的管理模式，根据政府管理机构设置企业的管理机构，各级党组织是最高的领导机构，厂长等负责人则负责行政方面的管理。

在企业档案管理方面，采用的是对口管理模式，每个部门都有自己的档案资料室，并接受上级的监督和指导，这种对口管理模式使档案管理具有分门别类的特性。

从企业档案管理制度来看，在计划经济的模式下，企业档案管理制度虽然在内容上不够完善，缺乏系统管理，各种专业的档案的相关制度尚未建立健全，但仍然形成了以归档制度为核心的企业档案制度，比如分类编号的方法、保密检查制度、科技档案统计工作办法等，为后来的专业档案相关制度的建立提供了借鉴和参考，具有十分重大的意义。

2.1.2 企业档案管理恢复发展期

（1）宏观角度的企业档案管理体制

1978—2002年企业档案管理体制进入了发展期，越来越成熟。随着十一届三中全会的召开，企业拥有了更大的自主权，在各种因素的作用下，市场经济因素开始出现，企业获得了更多的管理权，此时科技档案管理体制开始和企业档案管理体制分离，呈现出以下特点。

第一，专业主管机关设立了档案部门。

第二，形成了按专业集中统一领导的体制。

第三，对地方的企业档案工作不再直接管理，而是宏观调控。

第四，地方各级档案行政部门对企业档案工作进行微观管理。

《中华人民共和国档案法》的颁布，确立了档案"统一管理、分级领导"的原则，企业档案管理体制开始向"条块结合"的管理模式发展，其档案行政服务管理部门开始发挥主要作用，推动企业档案管理工作的开展。

国有企业实行的是档案综合管理模式，使得档案管理从归口管理转变为统一管理，通过制定相关的档案管理的规章制度，可以更加全面、系统地利用档案信息资源。

（2）微观角度的企业档案管理体制

在市场经济体制下，企业获得了越来越多的自主权，但其发展依旧不平衡，国有企业始终占据着主要的地位，依然实行企业档案综合管理模式。随着企业改革的不断深化，各种类型的企业对档案管理工作有了更高的要求，为了更好地对企业档案进行统一管理，企业需要对档案信息资源进行综合汇总，因此建立了三种新型的业务机构，即联合档案室、综和档案室以及企业信息管理中心，这些业务机构的出现，让企业档案管理体制变得更加科学、合理，为后续企业档案的收集、整理等工作提供了便利条件。

从企业档案管理制度来看，国家颁布了很多关于企业档案管理的政策和法规，这些政策和法规的出现为企业档案管理工作指明了方向，使其越来越科学化和规范化。同时，在企业内部，企业制定了一系列的档案管理制度，有关档案管理的操作规范数量有所增长，如档案整理制度、成本核算制度等，这些因素促进企业档案管理工作不断发展，逐步形成较为完善的档案管理体系。

2.1.3　企业档案管理转型期

（1）宏观角度的企业档案管理体制

从 2002 年至今，我国企业档案管理进入转型期。随着国家经济的不断发展，企业开始走上快速发展的道路，国家和企业的关系发生了重大改变，从一开始的全盘接管，到逐渐放权，最后形成间接管理的局面，进入转型期，企业档案管理体制呈现出结合"条块"模式，以"块"为主的二元管理模式；弱化档案行政管理部门的行政职能，突出服务、监督职能；扩大企业档案管理体制的使用范围，吸纳更多方企业；结合企业特点，确立具有针对性的企业档案管理体制等特点（图 2-1）。

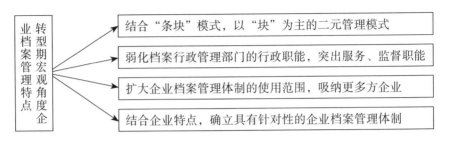

图2-1 转型期宏观角度的企业档案管理体制特点

转型期的企业档案管理体制更加灵活，也更加具有包容性，体现了企业档案管理服务于国家转型、经济发展的目标。

国企和非国企对企业档案的管理制度是不同的，前者的规章制度远远多于后者，这也说明了国家对企业档案管理工作的重视程度。

（2）微观角度的企业档案管理体制

随着改革的不断推进，在企业档案管理转型期，政府的职能发生了巨大变化，政企呈现分离趋势，政府放开了企业的权限，不再过多地参与企业的管理，企业档案工作呈现出新的局面，企业可以对自身产生的档案进行充分利用，设置企业档案工作室，制定相应的档案管理制度。但是，要注意自主并不等于自由，企业在制定档案制度时，需要遵守国家制定的法律法规。

在转型期，企业需要根据社会发展的需求，在遵守法律法规的基础上，对企业档案工作进行统筹规划，制定符合企业实际发展的档案工作制度建立符合企业实际发展的档案管理运行体系等，从而实现企业档案工作的蓬勃发展。

同时，信息化时代，网络技术的发展为企业档案管理工作带来便利的同时，也造成了企业档案管理的困难，企业必须制定更加严格的规章制度，使其更加规范化和标准化；必须强调管理性和业务性、技术规范性之间的协作，制定配套的企业档案管理体质。

2.2 企业档案管理模式的现状

在了解企业档案管理的发展历程之后，还需要对企业档案管理模式进行深入的认识。企业档案管理是随着时代的改变而不断发展进步的，不同时代，对企业档案管理工作提出了不同的要求。那么，在信息化时代，企业档案管理又有哪些管理模式呢？企业档案管理的工作内容又呈现出什么样的特点呢？本节针对这些问题进行简单介绍。

2.2.1　现有的企业档案管理模式

对企业而言，企业档案管理模式包括档案管理制度、档案管理机构和档案管理方式三个部分，其价值目标为提升企业经济效益、管理水平，规范企业档案管理，构筑优秀的企业文化。

现有的企业档案管理模式可分为集中统一管理模式、分散式管理模式、协作式管理模式以及社会化管理模式四种（图 2-2），企业的决策者或管理者可以结合企业自身的实际情况，科学分析档案管理模式的特点，选择合适的企业档案管理模式。

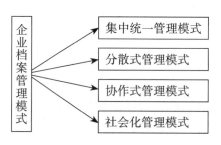

图 2-2　企业档案管理模式

（1）集中统一管理模式

企业档案集中统一管理模式，是指将员工的档案集中统一起来，由档案管理部门（档案部或档案中心）进行统一管理，适用于规模较大的民营企业。同时，档案管理部门还承担着指导企业其他部门的文件管理的责任。

①集中统一管理模式的特点。

实施集中统一管理模式，有助于所有档案资料进行统一保存、整理、开发等工作，具备三个特点。

第一，具有权力的集中性。这是指企业档案的管理权力集中在领导手中，如果想要调用档案信息，则需要请示领导并获得同意后才能使用。

第二，具有管理的系统性。在集中统一管理模式下，有助于对企业员工的档案资料进行系统管理，从档案收集到档案保存环节，有着完整、严格的标准和制度，需要严格遵守档案管理制度，这样可以使企业的档案信息资源得到最大程度的利用。

第三，具有制度的规范性。企业档案部门的管理者在制定管理制度时，可以结合企业长期的发展目标和发展特点，使其档案管理制度更加科学和合理，具有规范性。这不仅可以对企业的工作计划进行宏观调控，还可以使企业的重要信息在内部流通，使企业的信息管理水平更加完善。

②档案处理过程。

在集中统一管理模式下，企业是如何处理档案信息的呢？可以分为以下四个步骤进行。

第一，设立档案部。档案部是专门管理企业档案资料的部门，主要对企业中所有员工的档案信息进行管理，同时管理企业的重要文件和竞争对手的商业信息。这不仅可以保证企业档案资源的集中性，还可以提高企业的竞争力。

第二，档案部制定统一、标准的档案管理制度。通过科学的档案管理制度可以有效管理员工的档案信息，针对企业的具体情况进行有效管理，符合企业发展的长期目标。

第三，规定统一的领导。领导可以总领企业档案的管理工作，如果员工需要调用相关的文件或档案，需要领导的同意方能调取。

第四，在专门的管理机构、合理的管理制度的协助下，对企业的档案信息进行统一收集、整理，并进行系统化管理，对重要的文件加以保存，遵循调用程序和制度。

（2）分散式管理模式

企业档案分散式管理模式，是指在企业的各个部门都能实施档案管理工作，与集中统一管理模式相反，分散式管理模式具有自由性和便利性。在这种档案管理模式下，企业内部的所有档案需要在专门的档案集中处进行登记，如果员工想要调用自己部门的档案，可以在所在的部门进行申请，极大地方便了员工对档案的调用，同时减轻了档案工作人员的负担。

①分散式管理模式的特点。

在分散式管理模式下，企业无须成立专门的档案管理部门，只需要将企业的档案放在所属部门的管理处即可，该模式具备以下三个特点。

第一，管理制度非常灵活。对中小型企业来说，其规模较小，因此采取这种分散式管理模式进行企业档案管理，是非常有利的。通过分散式管理，企业可以根据各部门的职责和具体情况，设立档案管理制度，这种管理制度必然契合企业部门的发展，也可以随时进行调整，员工可以较为便捷地调出档案资料，不用经过烦琐的程序，十分灵活。

第二，管理密度非常集中。尽管分散式管理档案管理制度具有灵活性，但企业并未放松对企业档案的监管，通过对各个部门的档案资料进行宏观掌握，企业可以随时调用或利用这些珍贵的档案信息资源，从而达到集中管理的目的。同时，分散式管理模式尽管给予了部门一定的自主权和相应的权限，但也具有管理密度的集中性，这主要体现在部门的档案管理人员签字的制度方面，如果员工需要进行调出、录入档案工作。其部门档案管理人员只有按照严格的程序调出档案并签字，才能进行后续工作。

第三，具有明确的分工。企业档案的管理权利被分配到企业的各个部门之中，也就意味着企业的档案被存放在部门中的档案存放处，需要依靠部门的档案工作人员进行核查和保存，分工十分明确，可以减轻企业档案管理的负担。

②档案处理过程。

在分散式管理模式下，企业如何处理档案信息的呢？可以分为以下步骤进行。

首先，设立档案监督小组。该监督小组负责对企业中所有的企业档案进行核查和登记，完成登记工作之后，根据档案所属的部门，将档案资料进行分类，分配到企业相关的部门之中，让部门实际负责企业的档案管理工作。

其次，企业制定出统一的档案管理制度。在制定档案管理制度时，企业需要结合自身的实际优势和分散式管理模式的特点。随后，各个部门的档案管理人员根据企业制定的档案管理制度对企业档案进行管理，这样做可以保证企业档案信息的安全性，也使得档案管理更加具有条理性和规范性。

最后，将企业的档案放在二级部门的文件室中，这样看似比较分散，实际上可以让部门的档案管理人员明确掌握企业的档案，完成对企业档案资源的高度掌控。例如，如果员工想要调出自己的档案，需要填写具体的调用笔录，有助于部门档案管理人员了解员工的具体情况。同时，在二级部门管理企业档案也可以反映出企业部门的发展规律，做到有法可依，令企业获得更好的发展。

（3）协作式管理模式

企业档案协作式管理模式结合了集中管理模式和分散管理模式的优点，是指在企业档案的规章制度和衡量标准方面，实现高度统一集中化，而将实体档案存放在部门的档案管理处。

①协作式管理模式的特点。

在协作式管理模式下，企业不仅设有专门的档案总部，还在二级部门中设有档案管理机构，这两个机构部门都需要共同遵守企业制定的档案管理制度，并按照档案衡量标准对档案信息进行合理开发。档案总部以重要的商业机密文件为中心，做好登记和备份工作；二级部门的档案管理机构主要负责保管并管理其部门员工的档案资料，分工十分明确，可以有效提高企业档案管理工作的效率，具有以下三个特点。

第一，实现了集中式领导与分散式管理。具体来说，在协作式管理模式下，企业档案总部对企业档案进行集中式领导，由企业制定档案管理制度，领导部门的档案管理机构。而部门档案管理机构则负责对企业档案的具体管理，需要按照相应的制度实施管理，和企业总部紧密联系。

第二，管理具有多样化。企业员工的档案不再受到档案总部的唯一掌控，部门的档案管理机构也可对员工的档案进行管理，实现了管理的多样化，可以提高档案管理人员的工作效率。企业高层管理人员可以利用网络信息资源，结合企业自身的档案资源，制定出符合市场需求的档案管理体制，提升企业的信息管理能力。

第三，进行网络化管理。随着网络技术的进步，协作式管理模式更适合借助网络技术进行管理，企业通过计算机将庞大复杂的档案资料进行分类，并进行备份，这样不仅可以提高工作效率，还能保证档案资料的安全性。同时，企业可以通过网络技术建立专门的档案管理网站，企业员工通过输入账号和密码登录网站，进而查询自己的档案信息，十分便捷，有助于提升企业档案管理的能力。

②档案处理过程。

在协作式管理模式下，企业是如何处理档案信息的呢？可以分为以下三个阶段进行。

首先，企业设立档案总部，用来登记所有员工基本的档案信息等，该部门的主要任务就是结合企业具体的情况，制定出符合企业实际需要的、统一的档案管理制度，并制定衡量的标准。

其次，将企业档案资料的实体放在企业的部门档案机构中，即二级部门，让二级部门的工作人员管理所在部门的企业档案，实现工作的互联互通。

最后，企业档案总部利用计算机技术、信息化技术等，将企业员工的档案资料进行转换，使之可以在计算机中传输、查阅，建立属于企业的网络平台，企业员工可以通过该网络平台查询自己的档案信息，实现档案资源的网络化管理。

（4）社会化管理模式

如果企业缺乏相应的运转资金，不想在企业档案上浪费人力和物力，也可以选择社会化管理模式。在这种模式下，企业不需要设立档案管理部门，不需要设置工作人员，只需要把企业档案放在社会档案管理机构，由第三方机构进行管理即可。社会化管理企业档案管理具有以下特点。

第一，由于将企业的档案管理工作交由第三方档案管理机构，不用设立专门的部门，因此节约了企业的人力、物力，降低了管理成本。同时，第三方机构具有较为成熟的档案管理制度和管理手段，拥有较为专业的企业档案管理人员，其档案管理具有科学性，可以保证企业档案的安全性。

第二，利用第三方机构进行档案管理，其管理模式具备先进性。对生产规模小、缺乏核心技术的中小企业来说，企业档案的数量本身有限，不必浪费大量的人力去建设专门的企业档案部门，委托给第三方档案管理部门，不仅可以省去大量烦琐的分类工作，还能享受到第三方机构管理的便利性，可以满足当今市场对企业档案的要求，减少在档案管理中的成本支出，提高企业的经济效益。

随着企业的不断发展，我国市场中产生了越来越多的社会化管理服务机构，常见的管理服务机构包括企业档案寄存中心、第三方档案事务所和联合档案室三种（图 2-3）。

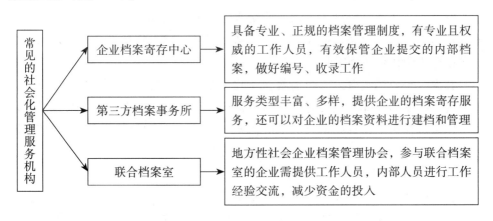

图 2-3　常见的社会化管理服务机构

2.2.2　企业档案管理工作的内容

企业档案管理工作离不开企业日常的活动，主要是对企业档案进行管理，包括收录、整理、备份等工作，以最大限度地发挥企业档案资料的作用，提高企业档案资料的利用率等，具体包括以下内容。

（1）制定合理的企业档案管理制度

企业要对企业档案进行管理，就离不开相应的企业档案管理机制，因此企业档案管理工作的重点之一就是制定统一的衡量标准和企业档案机制。

首先，在制定档案机制时，需要按照科学的程序、合理的原则和手段，并结合企业的发展情况，这样才能制定出高效的管理机制和衡量标准。如果企业忽视自身的发展情况，僵硬地照搬或参考其他企业的档案管理机制，很容易造成档案管理机制的失效。

其次，制定统一、标准的管理制度。在企业内部，不同部门在运营过程中，都会产生企业档案。这些不同的企业档案应该遵循相同的管理制度，否则就会出现混乱的情况，如各个部门根据不同标准收集档案，在移交的时候会增加档案工作人员的工作负担。

需要注意的是，如果企业存在企业档案管理二级部门，则二级部门也应遵守相同的管理制度进行管理企业档案。

（2）对企业档案进行合理收集

企业档案管理人员需要每天对企业档案进行收集管理，如查找过时的档案，然后决定是否将其销毁。

首先，企业档案管理人员需要收集企业内部不同部门的档案材料。由于市场是不断变化的，对企业的要求也是不断发展的，档案管理人员需要根据市场的变化形势调整企业档案收集的数量和要求。

其次，企业档案管理人员需要注意收集企业员工的信息。企业员工时常会因为自身的发展情况，需要对档案信息进行查询、添加或更改，这时就需要档案工作人员在档案库存中调出员工的档案，为了给员工提供良好的档案信息服务，需要档案工作人员合理收集企业员工档案信息。

（3）对企业档案进行合理整理

整理企业档案是档案管理工作的基本职责之一，在完成收集工作之后，需要安排档案工作人员进行整理，这里的整理并不是对企业档案进行分类、编目等工作，而是指根据管理制度对收录成功的档案信息进行核查，如果符合保存标准就将其存放在档案总部，否则，不予存放。

（4）对企业档案进行利用

当企业做好档案资料的收集和整理工作之后，就可以对企业档案资料进行利用和合理开发。

已经完成整理、收录工作的档案资料本身具有巨大的商业价值，是珍贵的信息资源。企业可以通过合理利用档案资料，分析自身的发展趋势，为生产经营活动提供参考，采取行之有效的发展方式，找到符合自身需求的发展策略，实现快速、健康、持续发展。

（5）对企业档案进行归档和销毁

在企业发展过程中，往往会产生很多的企业档案，但并不是所有的企业档案都具有利用和保存价值，因此企业档案工作人员需要按照核查标准进行筛选，然后由专人再次进行核查，对那些不符合标准的档案按照合法程序进行销毁，这样不仅可以使企业档案信息得到最大限度利用，还可以将企业不需要的信息进行销毁，降低企业的管理成本。

2.2.3　企业档案管理模式的选择

企业档案管理模式是一个总的概念，其中包含了企业档案管理的运行机制、管理制度等内容，企业在选择档案管理模式时，应从实际出发，选择和自身发展最为契合的档案管理模式，在选择和确定档案管理模式时，可以遵循以下方法。

（1）企业档案管理模式与企业形态相适应

企业档案的管理层次、管理形态、管理手段等都要和企业形态相适应，这样才能实现企业档案事业的顺利发展，具体体现在以下方面。

第一，档案管理层次和企业规模相适应。对于中小型企业而言，由于其规模较小，可以采用单级管理层次，即只需设立一个档案部门，管理企业的档案资源。而大型的企业，规模较大，各种职能部门产生的档案有很多，加上还有很多子公司的存在，可以采用多级管理层次，这样可以使企业档案管理工作更加细致、方便、有条理。

第二，企业档案管理的形态和企业管理形态相适应。从形态划分，企业档案管理可分为档案实体管理、档案信息技术管理和档案知识管理。在选择档案管理形态时，需要注意企业的特点和行业特点。例如，对信息化水平较高的企业来说，其具有较好的硬件基础和软件优势，可以采用档案信息技术管理形态；对处于工业化管理水平的企业来说，其不具备应用现代信息技术的条件，可以采用档案实体管理形态。总之，企业是不断发展进步的，需要根据企业的管理形态和实际情况进行合理、科学的选择。

第三，企业档案管理手段和企业技术管理形态相适应。按管理手段划分，档案管理可以分为手工管理、计算机辅助管理和档案信息网络管理。企业的档案管理手段应符合企业信息化进程和企业技术管理形态，不能忽视企业的实际需求而盲目追求手段的更新。例如，已经实现网络管理的企业，往往会生成很多电子文件，可以采用档案信息网络管理；没有实现网络管理的企业，就没有必要采用档案信息网络管理，可以使用计算机辅助管理。

随着企业信息化建设的发展，企业档案管理工作势必会受到影响，档案工作人员应该认清企业档案事业的发展趋势，及时更新档案管理手段，使之与企业管理相适应。

（2）企业档案管理观念与企业需求相适应

随着信息化时代的到来，企业档案的管理手段、方式、形态等都发生了一定程度的改变，企业档案管理的观念也要进行相应的改变，使之符合企业需求。可以从以下方面入手。

第一，树立档案保护和共享意识，面对竞争日益激烈的现状，企业应树立知识产权保护意识，对外加强对企业档案信息的保密意识，同时，需要做到企业内部档案资源共享，提高企业档案信息的利用率。

第二，档案管理数量要适量。企业档案管理需要满足企业的有效需求，但这并不是由企业档案数量的多和少来决定的，而是由档案的质量决定的。同时，要正确理解档案的完整性，不能因为追求完整性而过多保存利用价值不大的档案，一般来说，永久保存的企业档案数量控制在档案总量的20%即可。

（3）企业档案管理制度和国家档案法规相适应

随着时代的发展，企业在档案管理工作中具有越来越多的自主权，但自主并不意味着自由，企业不能任意对企业档案进行管理，需要符合相关的法律法规。

对企业档案的管理和利用必须按照国家相关的法律法规进行，对有保存价值的企业档案进行妥善保管，维护企业档案的安全，不能采取过于松散的管理模式。

2.3　企业档案管理存在的问题

随着经济的不断发展，企业要跟上时代的脚步，进行深化改革成为必然的趋势。企业档案管理作为企业管理的分支，也必须进行深化和改革。

然而，由于企业对档案管理工作不够重视，档案工作人员缺乏专业等原因，其档案管理工作不可避免出现了一些问题，具体表现在以下几个方面。

2.3.1　企业档案管理工作重视程度不够

在当今社会，企业的竞争日益激烈，多数的企业把眼光放在了科技和人才上面，加上企业档案管理工作不能直接为企业产生经济效益，因此企业档案管理工作往往被忽视，企业档案管理部门也成为企业的边缘部门。

企业对企业档案管理工作不够重视，管理意识比较淡薄，不仅体现在资金支持方面，还体现在企业档案工作人员配置方面，企业缺少档案管理专业人才。这些原因造成企业档案管理工作不够细致，工作效率比较低下，管理方法比较陈旧等问题。同时，不够重视企业档案管理工作容易造成资源配置不合理，不能发挥企业档案应有的作用，导致企业人力、物力的浪费。

要想领导或企业决策者提高对企业档案管理的重视程度，对企业档案工作给予全面支持，提升企业档案管理的效果，可以从以下三点出发。

第一，做好企业档案的宣传工作，提升领导或企业决策者的企业档案管理意识。"好酒也怕巷子深"，只有通过宣传使领导或企业决策者充分意识到企业档案的重要性和价值，才能获得领导或企业决策者的支持。

第二，做好企业档案工作的培训和学习。要做好企业档案管理，不仅要获得领导的支持，档案管理工作人员的档案意识和能力也要提高，通过培训和学习，不仅可以提高企业档案工作人员的业务能力和知识素养，也可以使企业的其他工作人员意识到企业档案及其工作的价值。

第三，保证企业档案管理的机制配套完善。企业档案管理工作离不开设备的帮助和人的管理，因此需要从机制上保障工作人员的待遇，建立科学的机制，提高档案工作人员的地位，提升其专业程度，组建专业的队伍。同时，完善企业档案管理的设施，从硬件、软件方面着手，确保企业档案管理的专业化、信息化和智能化。

2.3.2　档案管理方法和手段较为落后

尽管随着我国信息化建设进程的加快，绝大多数行业和企业都已经实现了信息化管理。但在企业档案管理方面，其管理观念并未发生改变，管理方法和手段还较为落后。

目前，很多企业的档案管理工作依然是手工记录。对同一个档案主题，很多部门会对其进行收集并移交到档案室。这样档案室在收集整理时，会有很多重复和雷同的文件资料，浪费了大量的精力和时间，不能形成其应有的价值。

档案室如何从大量的档案信息中筛选出有价值的档案资料，加以有效利用和加工，为企业的其他活动提供信息支撑，是目前企业档案管理工作需要解决的难题。这需要借助先进的管理设备和技术支持，当前有部分企业已经实现利用计算机和计算机技术进行企业档案管理。具体可以从以下方面进行。

第一，利用计算机对档案文件进行分类管理、目录编排、文献检索等工作。通过计算机完成这些简单或烦琐的档案工作，不仅可以减少档案工作人员的工作量，还可以提高其计算机信息处理的能力。同时，增强计算机综合处理信息的功能，使其具备完成复杂的企业档案文件处理的能力。

第二，建立一体化信息内容管理。对可以在计算中存储、处理的电子信息进行有效管理，保证电子信息的真实有效，供后续工作查询和利用。

第三，重视企业档案的安全管理工作。采用现代信息技术管理企业档案，对其担忧之一就是安全保密性不高。因此需要做好安全保密工作，避免企业档案信息的外泄，尤其是科技档案信息等。企业可以建设安全的档案信息数据库，保证档案信息的安全。

现代科技是档案信息化发展的强动力，是先进的档案管理方法和手段，可以促进档案管理现代化发展，实现档案信息化、数字化管理。

2.3.3 企业档案管理体制较为落后

在企业档案信息化建设过程中，企业更多地关注的是档案信息化，对电子信息科技比较重视，而忽略了企业档案管理体制。实际上，企业档案管理体制在很大程度上制约着企业档案事业的发展，从整体来看，目前企业的档案管理水平较低。

企业档案信息化的重点在于对档案管理进行精细化、简化和优化管理，重建档案管理流程，因此档案管理体制十分重要。然而，现阶段我国大多数企业仍旧沿用以前的档案管理体制，这就使档案信息化和档案管理存在差距，档案管理体制存在滞后性，无法为档案信息化建设提供助力，这会影响并制约企业档案信息化的进展。可以从以下方面进行改善。

第一，制定统一、标准的企业档案管理制度，对企业档案的分类、规范、保存、利用等方面进行规定，制定相关的规章制度，强化企业管理能力。

第二，根据信息化时代的特点，及时制定或改进档案管理体制，跟上时代的步伐，满足现代企业的要求。

2.3.4　企业档案数字化进展缓慢

近年来，数字档案逐渐成为档案的主要形式。然而，企业档案数字化进展却十分缓慢，档案信息库建设不够完善，具体表现在以下几个方面。

第一，企业对档案数字化认识不到位，上级档案部门缺乏对企业档案部门的监督和指导，企业盲目开展档案数字化工作，或者对档案数字化无动于衷，没有任何计划和规划。

第二，档案数字化工作是一项长期的工程，由于企业无法满足其资金投入、人员配置等要求，企业档案部门人员有限、设备紧张，导致档案数字化工作无法长期开展，如果将档案数字化服务进行外包，又难以保证档案信息的安全，不少企业的档案管理工作陷入两难的境界。

第三，企业的档案数字化工作水平不一，有的企业因为领导不够重视，开展档案数字化工作不够顺利；有的企业仅仅关注现阶段的、当前的电子文件和电子档案，而忽视过去和未来可能产生的电子文件的管理，档案数字化工作停留在表面。

2.3.5　企业档案工作人员专业素质较低

对企业档案进行管理，一定离不开企业档案工作人员。企业档案工作人员如果缺乏专业的素质，一定会给企业档案管理带来麻烦。例如，一旦档案资料发生丢失，或者不够完善、完整，如果企业档案工作人员缺乏专业的素质，缺少相关的管理知识，就不能准确地指导相关部门进行档案收集，也不能很好地处理档案资料丢失的情况，从而造成不必要的麻烦和损失。

目前，我国很多企业的档案工作人员常常由其他部门的员工兼任，缺乏专业素质，对企业档案管理知识不够了解，严重阻碍了企业档案管理工作的开展，因此企业需要配置专职档案工作人员，并对档案工作人员进行培训和教育，或招聘专业的企业档案管理人员。在实践中不断提升企业的档案管理水平，可以从以下方面进行。

第一，根据企业档案工作人员自身素质的具体情况，通过外请教师、高校深造、行业交流等形式，定期或不定期进行业务培训，提升企业档案工作人员的业务能力，开阔其眼界、思路。

第二，引进高素质的复合型人才。企业在招聘时，可以招聘专业对口的工作人员，他们往往具有较好的知识基础，了解企业档案的价值和重要性，可以更好地处理企业档案，做好企业档案的整理、分类等工作。

企业的档案资料往往具有重大的价值，尤其是科技型企业，只有具备良好业务能力的专业的管理人员才能做好企业档案的管理工作，确保企业档案发挥出最大的价值。

2.4 企业档案管理的创新要求

企业档案管理工作对企业发展而言，具有十分重要的作用。如果企业档案管理工作长期落后，不能跟上企业发展的脚步，就会制约企业的进一步发展。当前阶段，我国企业档案管理水平参差不齐，主要体现在以下方面。

第一，国有企业参考国家机关或事业单位的档案管理方式，具有良好的基础，可以得到档案局的监督和指导，但其管理体制有待提高。

第二，民营企业的企业档案管理工作大多数处于起步阶段，基础十分薄弱，只有少数民营企业的档案管理工作达到成熟阶段。

第三，各行业的企业档案管理的发展水平不均衡，如建筑企业的管理水平比生产制造企业高，生产制造企业的档案意识较弱，其决策者、管理者尚未意识到档案管理的重要性。

第四，企业档案资料利用率不高。大多数企业尚未开发出企业档案资料的真正价值，在实际应用中，很少参考企业档案资料，只作为收录的材料，浪费了企业档案资料的实际价值。

企业档案管理涉及企业的各个活动，关系到企业的所有人员，做好企业档案管理工作，不仅是企业自身发展的需要，也是企业中每个员工的诉求。因此，进行企业档案管理创新研究势在必行，档案工作人员需要更新自身的工作理念，构建适应信息化时代的管理体系。可以从以下几个方面进行。

2.4.1 创新企业档案信息化

随着科学技术的不断发展，可以说，如今我国已经进入信息化时代，企业相当重视信息化建设，在财务管理、物流管理、人力资源管理等方面已经基本完成信息化管理体系的建设，因此，企业档案管理也需要进行信息化建设。

（1）建设企业档案管理体系

要想建设企业档案管理体系，就要创新企业档案的管理，使其达到现代化、数字化，实现档案信息资源共享。可以从以下方面进行。

第一，制定科学、合理的信息化标准，使企业档案可以实现信息化。

第二，从设计和研发方面入手，对企业档案信息化软件进行研究，做好配置工作。

第三，对电子文档、电子档案实施管理，保证其完整性和安全性，使其便于传输。

（2）创建电子档案管理系统

企业应该充分利用计算机的优势，通过对计算机和相关技术软件的研发，创建电子档案管理系统，如可以在电子档案管理系统中实现对电子档案的编制、搜索、接收、借用和归还等操作，这样可以最大限度地方便对电子档案的整理和管理，为其他企业活动提供便利。当然，通过电子档案管理系统，工作人员也可以明确企业档案信息的情况，如哪些文件尚未归还，哪些文件需要销毁等。利用计算机技术，企业档案管理人员可以方便地检索相应的档案材料并添加企业档案的简介、目录、用途等内容，使档案统计、研编等工作变得十分方便，提高了企业档案管理的工作效率。

（3）研发企业档案管理软件

企业档案信息化建设的主要手段是档案信息电子化，即利用计算机技术、数字化技术等，将纸质资料信息进行处理、加工，最后转变为计算机可以识别的数据资料，方便人们在计算机中查阅或借用。

然而，我国企业档案管理软件目前尚不成熟，很多功能并不完善，有的软件只支持管理文件，有的管理系统只支持管理档案数据，缺乏通用性，软件和系统不能相互匹配，难以实现档案的一体化管理，这些问题制约了档案管理信息化系统的建设。因此，企业需要研发、设计一套新的操作系统，使其可以将电子档案信息进行处理，并可以管理电子档案，对电子档案进行查阅、调用。

（4）创建企业档案目录数据库

要对企业档案信息进行调研，除了建设信息化管理系统，创建档案目录数据库也是一个不错的选择，创建数据库可以让企业档案具有更好的服务性、规范性和共享性。

通过企业档案目录数据库，企业档案工作人员可以更加便捷地查询企业档案的内容，仅仅需要数秒就可以查询到需要的档案信息，极大程度节省了查询的时间和精力。同时，创建企业档案目录数据库可以随时添加或修改相关的企业档案信息，方便企业档案的查询和修改。从这方面来说，企业应采取一定措施调动工作人员的积极性，加大度员工的培训力度，使其掌握先进的管理方式，可以正确操作信息化管理系统。

2.4.2　创新企业档案管理流程

随着计算技术、通信技术、数据库技术在企业中的应用，现有的档案管理观念已然不适合当今的档案管理方式和手段，不能适应时代的发展，因此，需要更新企业档案管理理念。档案管理逐渐发展为信息管理，可以为企业的生产、经营活动提供便捷、准确、可靠的管理服务，提供信息支撑。

（1）创建档案信息数据库

在企业内部网络中构建企业档案信息数据库是建设信息化管理系统的需求，可以促进企业档案管理目标顺利实现。信息化管理系统包括企业档案工作的所有环节，通过对档案信息进行数字化处理，将这些电子数据存储在数据库之中，构建文件服务和文件资料共享平台，工作人员可以很方便地对企业档案进行管理，十分便捷。

（2）完善组织结构

要想提高企业档案管理水平，还可以通过建设完善的组织结构的方式。在同一个企业之中，最好只设一个档案管理室，由该档案管理室指挥和领导其他科室和部门，最好不要出现二级档案室或档案分库。

对于那些保密性质较强的档案，可以采取分级管理的方式，通过建立专门的分库进行管理，不要移交到档案管理部门，如医疗分库、人事信息分库等。

对于那些和企业运营活动有关联的企业档案，可由档案管理室直接管理，如基建设备档案、文书档案等。

2.4.3　创新企业档案管理机制

企业档案管理工作的创新重点在于建立全面、系统的管理机制，其核心内容就是管理制度。精简的企业档案管理机构有助于企业档案事业的发展，其管理局面应该和企业的整体局面相对应。企业要想创新档案管理机制，可以从扩大企业档案管理范围、对企业档案进行细致化管理、提升企业档案管理人员素质、创建信息公用通道四个方面入手（图2-4）。

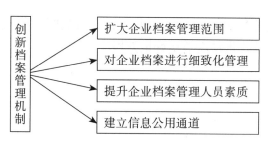

图 2-4 创新档案管理机制的方法

（1）扩大企业档案管理范围

企业在进行相应的职能活动时，会产生很多文件，为了对这些文件资料进行有效管理，全面提升企业档案的管理水平，应扩大企业档案管理的范围，将电子档案、实体档案和各部门在进行职能活动时产生的档案或文件等，纳入企业档案的管理范围之中，只有管理范围足够大，涵盖企业所有的环节，才能对企业的运行状况有足够了解。

（2）对企业档案进行细致化管理

企业档案管理工作十分重要，可以为企业其他职能活动提供信息服务，具有社会性、复杂性。

要更好地完成信息服务，提供细致、完整的企业档案，需要企业建立良好的管理机制，对企业档案进行细致化管理，无论哪个部门、哪个生产环节需要企业信息，都可以在企业档案中找到对应的信息资源，可以向信息化管理模式发展。

（3）提升企业档案管理人员的素质

信息化时代，企业档案管理人员需要抓住机遇，顺应时代发展，学习和探求新的企业档案管理模式，使企业档案管理和企业发展共同进步。对企业档案管理工作来说，人始终发挥着关键的作用。因此，企业档案工作人员需要积极提升自身的工作技能，在实践工作中提高自身的档案编研能力，提高对企业档案的应用能力，丰富自身的业务知识，拓宽知识结构，努力成长为复合型人才。

（4）创建信息公用通道

创建科学、合理的信息公用通道。企业档案管理工作的最终目标是为企业的决策或职能活动提供服务，因此需要设置合理的用户权限，使企业档案可以真正发挥出它的价值。设置用户权限，一方面可以确保企业档案真正实现信息资源共享，提高企业档案的使用率；另一方面可以加强对企业档案的管理，增强企业档案的保密性，推动企业更好地发展。

第 3 章　信息化时代与企业档案管理

计算机的诞生，标志着信息技术革命的开始，标识着人类社会进入了变革的时代，这不仅是技术的飞跃，更是一次生产方式的变革，信息要素在计算机技术的推动下，从幕后走到台前，人们终于发现信息要素的重要作用，通过开发利用信息资源，从工业化社会向信息化社会发展，走进信息化时代。

那么，在这样的背景下，企业的发展会受到影响，人们的思想观念会发生改变，企业档案管理工作自然也会受到信息化时代的影响，其管理方式和手段都发生了巨大改变。本章介绍了在信息化时代中，企业的发展、企业思想观念的改变以及企业档案信息化发展趋势并介绍了信息化对企业档案管理工作的影响。

3.1　信息化时代的企业发展

随着社会的不断发展、信息化浪潮的兴起，企业之间的竞争越来越激烈，无论是企业的管理模式还是生产方式，都离不开信息化建设。那么，信息化建设究竟是什么，信息化对企业有什么影响，企业信息化的现状又如何？本节就这些问题进行简单介绍。

3.1.1　信息化建设的兴起和现状

（1）信息化浪潮的兴起

20 世纪 60 年代以来，全球共出现了两次较大的信息化浪潮，对整个世界产生了重大影响，促进了人类社会的发展，提升了生产效率。

第一次信息化浪潮是以计算机为中心的信息技术应用，结合计算机、通信和内容，实现信息产业化、产业信息化，这是一场计算机革命和产业革命。第二次是信息化浪潮以网络为中心，实现社会信息化，其标志是数字化、信息化、网络化，这是一场数字革命和网络革命，纵观历史，每次科技变革都能深刻改变人类社会，信息化变革的出现也不例外。

这两次信息化浪潮大大提高了劳动生产效率，有效节约了物质资源，创造了巨大的经济效益，这是社会发展和科学进步的必然。信息化浪潮的兴起对各个领域都有深刻的影响，如政治、经济、军事、文化等领域积极引入现代信息化技术，实现高效、科学管理。我国对信息化事业十分关注，制定了多项政策和方针来加快社会信息化的进程，以信息化带动工业化，在各个领域不断加强信息化建设。

（2）企业信息化的现状

目前，很多企业将实现信息化作为重点发展目标，其信息化进行有不同的差别，主要表现在以下几个层次。

①设计与制造过程的全数字化。

设计与制造过程的数字化层次以网络为基础，主要依靠 CAD（计算机辅助设计）/CAPP（计算机辅助工艺设计）/PDM（产品数据管理）等集成技术，实现内部设计协同化、产品设计网络化、制造过程网络化。首先，设计部门工作通过系统进行设计产品，并进行材料清单汇总。其次，企业的制造部门根据产品设计图生产新产品，完成加工工艺，在这个过程中，设计部门和制造部门基于网络实现产品图、各种产品设计信息的传递，在 PDM 系统的统一管理下开展工作。

②企业信息集成化。

企业信息集成化层次通常以 CAD/CAPP/PDM 等集成技术，ERP（企业资源计划）、SCM（供应链管理）等系统为基础，实现企业各个部门信息的集成，包括内部技术和内部资源，企业和供应商，企业和用户之间的信息等。通过企业信息集成化，可有效为企业提供各种信息服务，为企业的生产活动提供良好助力。

③企业管理数字化。

随着信息化建设的发展，很多企业基本实现了数字化管理，该层次通常以上两个层次为基础，结合信息集成系统和制造系统的信息，对企业内部的日常办公、供应链、企业资源等实现数字化管理，通过企业管理数字化可以整合企业的各种信息系统资源，使企业的决策更加科学、合理。

3.1.2　信息化建设对企业发展的意义

企业信息化建设可以有效促进企业发展和创新，是企业现代化的标志，保障企业的生存和发展。

企业信息化建设可以为企业建立起快速反应机制，提高企业的管理效率和管理水平，对企业发展具有重大的影响和意义，主要体现在优化企业组织结构、降低企业成本、提高企业管理水平、提高企业创新能力和提高企业员工素质五个方面（图 3-1）。

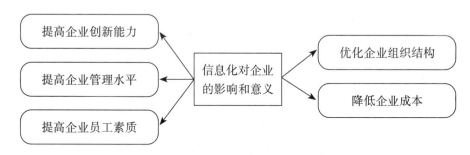

图 3-1　信息化对企业的影响和意义

①企业信息化建设可以优化企业的组织结构。在信息技术的支持下，企业可以将烦琐复杂的工作通过计算机进行转移，这样不仅可以减少中间环节和工作人员，还可以精简机构，优化企业的组织结构，让信息的传递变得更加顺畅。

②企业信息化建设可以降低企业的成本。在企业进行生产经营活动时，应用信息技术可以有效降低企业的生产成本。例如，可以利用计算机技术辅助产品的制造过程，对现有产品进行修改或增加新的功能；可以利用信息技术获取外部的市场信息和客户信息；等等。在很多方面，信息技术都可以有效降低企业的成本。

③企业信息化建设可以有效提高企业的管理水平。对企业来说，要想实现更好地发展，除了要有过硬的产品或科技外，还必须拥有良好的内在，即良好的管理水平。企业信息化并不是单纯地应用信息技术和计算机，而是需要和管理结合起来，引进先进的管理理念、制度和方法，这样才能在企业建设中，发挥出信息化建设的价值，建立科学的管理规范和管理流程，企业各个部门可以从上到下积极合作，实现企业管理创新和管理工作升级，提高企业的整体管理水平。

④企业信息化建设可以提高企业的创新能力。现代企业之间的竞争非常激烈，谁能掌握核心技术，谁就能占据有利优势，因此创新十分重要。信息技术对企业不可谓不重要，企业可以利用信息技术获得最新的技术、工艺、产品等，结合自身的特点，然后对这些技术进行创新，可以最大限度地提高企业的

创新能力。

⑤企业信息化建设可以提高企业员工的素质。信息化时代，企业之间的竞争说到底还是人才的竞争，企业进行信息化建设，可以加速知识的传播，有效提高企业人员的信息意识和信息利用能力，使其在不断学习中，增强自身的知识储备。

我国的企业信息化应用越来越成熟，信息化建设成为企业发展不可或缺的部分，正在向系统集成性转变。信息化建设对企业的发展转型具有深远的意义和影响，是企业发展的巨大推动力和源泉。

3.1.3　企业信息化发展趋势的特征

随着互联网技术和计算机技术的发展，我国企业信息化的水平越来越高，企业信息化发展趋势呈现以下特征。

①"互联网+"将成为未来企业的发展模式，随着互联网的 SCM、CRM（客户关系管理）或者数字物流方面不断突破、创新，大型企业有可能形成新的商业模式，这些改变会为企业信息化建设带来新的机遇，提供新的发展思路。

②网上信息消费、服务消费、产品交易将成为电子商务的主要形式，人们对信息的要求越来越高，因此各类专业化的信息服务平台将成为建设的热点，互联网在企业竞争中将发挥重要的作用，企业信息化发展进一步加深。

③企业信息资源的开发利用成为常态，而企业各类信息系统得到普及，并在实际应用中发挥重要作用，这些信息系统将成为企业信息化、规避风险的武器，这是企业信息化建设的重点。

④企业信息化建设支撑体系不断壮大，同时企业自身主导信息化的能力有所增加。企业信息化提供的各种服务被企业广泛接受并得到应用，企业根据自身和行业的实际特点研发软件和信息系统更加成熟，有相应的流程和方案。

⑤企业信息化管理系统和社会信息化其他系统相互衔接，办理各种事务更加便捷。例如，企业信息化系统将会和工商、税务、社保等系统互联互通，企业信息化建设得到全面应用，使企业可有效接受政府监管，并得到优质服务。

3.2　信息化时代企业思想观念的变革

企业信息化建设已经发展多年，在某些领域取得了一些进展，但在总的方向上，某些企业仅仅是应用了信息化技术，尤其是中小企业尚不能从企业发展的战略方面认识到信息化的重要性，缺少对信息化建设的全面认知。甚至不知道该从企业的什么方面着手信息化建设，该怎样选择技术、设备，更不用说拥有完整的信息化建设方案了。

那么，信息化建设需要企业做出哪些改变呢？企业需要全面认知信息化建设，更新企业发展的思想观念，具体到企业档案管理方面就是企业档案工作人员需要改变自己的思想观念，树立全新的档案管理观念。

3.2.1　加强对企业信息化的认知

从某种程度上说，企业信息化不仅是管理技术和工作方法的更新，更是对管理理念的创新，对管理流程、手段、团队的变革，是一种思想观念的变革。需要从全方位、多角度认识企业信息化，包括从思想观念方面改变企业信息化的认识，只有科学看待信息化带给企业的效益和挑战，才能产生巨大推力，从根本上发挥出信息化建设的作用，企业可以从以下几个方面来认识信息化建设。

（1）从信息化的本质来理解信息化建设

有人说，信息化就是网络化；还有人说，信息化就是企业在日常生产中引进计算机技术，利用计算机技术管理企业生产的过程。实际上，这些观点都是片面的。

企业信息化建设到底是什么呢？企业信息化实际上是一个动态变化的过程，不是只包括在企业发展过程中信息技术的开发和应用，企业信息资源的开发和应用。同时，企业信息化离不开现代企业制度的建立，是企业经营、企业管理规范化的过程。

企业需要从信息化本质上理解信息化建设，从思想观念上变革企业生产方式，建立现代企业制度，高度重视信息化建设，树立企业信息化的正确观念。

（2）从实施目标来认识企业信息化建设

企业信息化对企业而言，不仅是一种全新的生产方式，更是一种全新的管理方式，是一种创新观念，其实施目标是实现企业的跨越式发展，从根本上改变企业的管理效率，降低企业成本，培养企业的竞争优势。这不仅需要引进现代信息技术，还需要主动发挥人的主观能动性，更新企业领导和员工的观念、创新企业制度、设计企业组织结构等，从企业整体的管理方面着手，涉及企业各个方面的创新和改革，因此需要企业投入大量的时间和精力，是一个长期的发展过程，需要企业不断积累，最终实现从量变到质变，成长为现代化企业，实现跨越式发展。

（3）从实施过程来理解企业信息化建设

企业信息化建设的实施包括两个方面，一是实现制造过程信息化，二是实现管理过程信息化。

从这个角度来说，企业需要对企业整体进行规划，针对这两个实施过程进行研究，明确每个过程的任务和目标，分步实施。全方位、多角度地研究每个过程的实施环节和内容，并结合企业自身的特点和生产流程，科学管理企业信息化建设，使企业信息化有条理地实施。

3.2.2　企业档案工作思想观念的转变

企业信息化建设会从方方面面改变企业原有的思想观念，在企业档案工作中，企业信息化建设和电子档案的出现，要求档案工作应用现代信息技术，不断提高工作效率。而在思想观念方面，则要求企业档案工作人员转变思想观念，具体表现在以下方面。

（1）树立创新意识

企业信息化建设如火如荼地开展已经成为必然的趋势，档案管理工作也不可避免。对企业档案工作人员来说，要想适应企业信息化，就需要改变原有的工作方式和工作思想，树立创新意识，积极、主动应对信息技术的挑战，迎接信息化时代的到来。

在实际工作中，很多企业的档案工作者更加熟悉传统的企业档案工作，对档案工作方法、手段等都十分熟悉，面对全新的信息技术，感到无所适从，令他们对信息技术产生畏难心理，这样往往会对档案管理工作的开展造成阻碍。因此，企业档案工作人员需要改变自己的思想观念，树立新的企业档案管理观念，接受并掌握全新的档案管理模式，这样才能使企业档案工作获得进一步发展，也使自身获得更好的发展，展现自身的价值。

（2）树立新的服务理念

在进行企业档案信息化建设时，工作人员起关键的作用，需要其树立新的服务理念，不能盲目进行。

随着现代科学技术的进步，企业档案管理工作的效率日益提高，可以借助计算机接收、保存电子文件，或者对企业纸质档案进行数字化，建立档案管理系统，这些都有效促进了企业档案管理工作的效率。然而，很多档案管理人员缺乏先进的思想理念作为指导，尚未意识到档案信息化建设的目的，过于重视档案管理系统的建设，对档案信息资源的开发和利用不够重视。

　　在服务理念方面，企业档案工作人员需要利用信息技术为企业提供符合其实际需求的档案服务，然而大部分的企业档案部门仍旧习惯以自我为中心开展档案服务，忽略了企业的需求和感受。例如，在企业档案管理系统中，在为企业提供在线服务时，往往会根据档案工作人员的思维进行分类，而忽略了企业的搜索思维和搜索方式，导致企业产生不好的服务体验。因此，在为企业提供档案信息服务时，企业档案工作人员需要树立新的服务理念，在科学、合理的思想观念引导下，以企业为中心，提供企业档案信息服务，而不仅仅是停留在利用计算机辅助企业档案管理的阶段。

　　（3）树立合作意识

　　随着企业信息化进程的加快，企业档案工作人员需要树立合作意识，主要包括加强和各个部门之间的合作、加强和各个企业之间的合作两个方面（图3-2）。

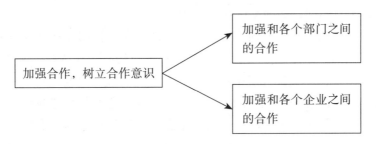

图 3-2　树立合作意识的内容

　　信息化时代，各种信息资源成为创造企业经济财富的关键因素，企业档案中记录着珍贵的数据和资源，十分重要。企业档案的种类有很多，企业档案工作人员要想收集尽可能全面、完整的档案，就需要和企业内部各个部门进行及时沟通，需要和信息人员、业务人员、生产制造人员进行合作，因此必须树立合作意识，才能让企业档案工作更加顺利地进行。

　　同时，随着大数据技术、云计算数据的应用，资源共享成为新的发展趋势，企业还要注重和其他企业之间的合作，加强企业之间的共建共享，以获取更多的信息资源，实现企业之间的合作共赢。

3.3　企业档案管理信息化趋势

现代信息技术对企业档案管理有很大的影响，使其向档案管理信息化方向发展，可以有效提升档案管理的效率，提升档案工作人员的工作效率。

本节介绍了企业档案管理信息化面临的问题，并就企业管理的信息化趋势进行阐述。

3.3.1　企业档案管理信息化面临的问题

企业档案管理在进行信息化建设时，由于企业自身的限制或其他因素，难免会遇到各种各样的问题，主要表现在以下两个方面。

（1）档案管理水平跟不上信息化的步伐

20 世纪以来，我国企业的信息化进程不断加快，各种类型的信息化系统层出不穷，并在不同行业内得到快速应用。

伴随着企业信息化建设而来的是，大量的电子文件出现在企业日常生产经营活动中。然而，这些电子文件并没有受到企业档案工作人员的青睐，相反，企业档案工作人员还是喜欢使用传统的档案管理模式，使电子文件并没有发挥出应有的作用，甚至面临流失的风险。例如，很多企业往往忽视对电子文件的保存和保密，更不用说针对电子文件的信息安全制定相应的问责程序了。这样会导致企业员工在离职时，可以带走大量重要的电子文件信息，这会对企业造成难以估量的损失。

目前，很多企业已经意识到企业信息化的重要性，开始尝试应用信息技术对客户管理和公司日常管理进行创新。企业虽然加快了信息化建设步伐。但在企业档案管理上仍然处于"落后"状态。企业产生的电子文件、数字文件越来越多，如果仍旧采用传统的档案管理模式，给企业档案的收集和整理工作带来一定困难。

同时，在企业信息化发展的过程中，企业档案工作人员存在业务能力难以满足信息化发展要求的问题，主要是现在企业档案工作人员缺乏相应的信息化知识和技能，对企业内部的电子文件不能很好地管理和保存，难以适应企业信息化发展进程。

（2）企业档案信息管理缺乏系统化

一个企业一般都有多个部门，各个部门都有各自的职责和任务。因此，企业的档案管理和保存往往是在各个部门和机构中分散进行的，只有为数不多的企业会联合各个部门，对企业档案进行统一管理。这样的"分块"管理的方式可以减轻企业档案部门的工作量，但同时使企业档案资源无法统一整合，缺乏统一的管理，存在企业档案工作人员需要培训、企业难以统一、集中查询档案信息和企业机构的知识资料比较分散三个方面的问题（图 3-3）。

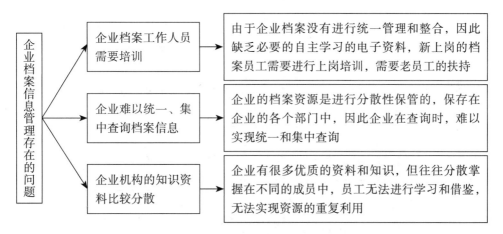

图 3-3　企业档案信息管理存在的问题

同时，企业内部缺乏相应的档案管理模式，档案工作人员往往依据自身的方式和习惯开展档案工作，对档案资料进行内容规划，这会导致档案工作不规范，最终导致的企业档案质量较低。

企业缺乏相应的档案管理机制对那些大型企业来说，问题更为严重，由于大型企业拥有很多分公司和下属机构，有时为了自身利益，这些分公司或下属机构并不愿意向总部移交重要的档案资料，导致档案资料不完整。因此，上述原因造成企业档案信息管理不规范，缺乏系统性。

我国一直倡导图书、情报和档案进行一体化管理，但至今并未取得明显效果，即使有些企业将档案机构和图书情报机构进行融合，也仅仅是停留在表面上，没有从根本上进行有效整合，所以为员工提供综合性、系统性的信息服务也就无从谈起。因此，建立系统的、规范的企业档案信息管理十分有必要。

3.3.2 企业档案集成趋势

随着信息技术的发展，企业档案管理信息化的趋势日益明显，纵观信息技术在企业中的应用，可以看出，企业档案管理和信息化建设逐渐朝着同一方向发展，即朝着集成方向发展，集成是指将孤立的事物或元素通过某种方式集中，从而构成有机的整体的过程。企业档案管理的集成包括资源集成、系统集成、流程集成和标准集成四个层面（图3-4）。

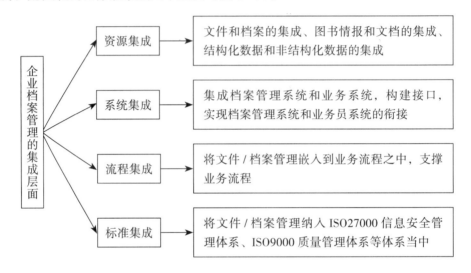

图3-4　企业档案管理的集成层面

信息化时代，对企业档案进行集成化管理是必经之路，主要表现在以下方面。

第一，纵向集成。主要体现在档案管理与业务流程的集成方面。

第二，横向集成。主要体现在档案管理与其他信息系统的集成方面。

（1）企业档案纵向集成趋势

随着信息技术在企业中的应用，企业在产品的设计和制造方面，逐渐实现无纸化设计，这样在产品开发到成型的过程中，必然会产生大量的产品数据和文件，为了方便对这些数据和文件进行管理，企业往往会将这些数据或文件嵌入业务活动和工作流程，成为其中的组成部分。

随着企业档案工作的开展，企业档案管理部门有时候需要收集业务活动和工作流程中的档案资料，要对这些数据进行收集，可以将档案管理和业务流程进程纵向集成，这样就能有效管理档案工作和业务流程之间的关系。因此，在进行企业档案管理软件的开发工作时，不仅要考虑档案和数据如何管理，还要考虑企业档案和业务活动之间的关系，进行纵向集成。

　　企业可以使用 PDM 技术进行集成，这是一种新型的软件技术，用来进行企业信息化建设工作，主要包括产品数据生成过程、产品文档的存储和管理两个主要功能（图 3-5）。

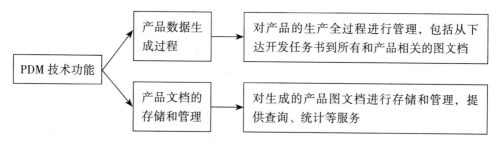

图 3-5　PDM 技术的功能

　　通过利用 PDM 技术，可以将项目管理、工作流程管理、文档管理等工作集成起来，比传统的管理软件更加方便。企业档案工作人员可以通过该系统收集企业档案资料，这种方式符合档案工作部门的实际需要，真正实现档案管理和业务流程的纵向集成，让企业档案管理工作变得更加便捷。

　　（2）**企业档案横向集成趋势**

　　企业档案想要更好地发展，除了需要纵向集成，使档案信息的收集更加便利之外，还需要横向集成，即集成其他各种信息系统，打破信息系统之间的壁垒，使企业档案管理更加标准、统一。

　　众所周知，在企业内部不同的部门之间，往往拥有不同的信息管理系统，这样会使信息系统之间形成"信息孤岛"，十分不利于企业档案信息的管理。企业档案信息是企业信息的重要来源和组成部分，档案部门需要让企业档案得到最大限度利用，因此可以将档案信息融入企业的信息网络。

　　企业档案信息可以反映出企业各个部门的资源配置情况，对构建 ERP 系统有很大帮助。ERP 系统是为企业员工和领导提供决策手段的管理平台，以信息技术为基础，结合了先进的管理思想和技术，主要功能包括基础数据、生产管理、设备管理、采购管理、车间管理、工具管理、销售管理、质量管理、人事管理、库存管理、成本管理、领导查询等方面（图 3-6）。

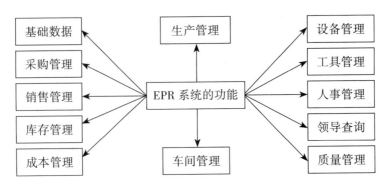

图 3-6　EPR 系统的功能

　　要想构建有效、健全的 ERP 系统，就必须结合企业档案信息，因此需要企业档案系统集成其他信息系统，这样才能更好地为企业信息化提供数据源头和数据采集服务。企业档案管理系统是企业内部信息系统的组成部分，其发展会受到企业信息化建设的影响，如电子档案往往依赖于企业信息化建设和企业成熟的工作流程。因此，企业档案的发展离不开企业信息化建设，集成化管理是企业档案数据事业发展的必然趋势。

3.3.3　企业档案信息化发展原则

　　随着信息技术的不断发展，企业档案信息化发展的趋势日益明显。企业要想实现档案信息化发展，需要遵守以下原则。

　　（1）与企业信息化工作同步原则

　　企业档案信息化建设的总目标是促进、完善企业信息化，并提升企业档案管理水平，因此，企业在进行档案信息化建设时，要协调企业信息化建设，实现同步发展，以需求为导向，以提高企业效益为目标，在整体建设中统筹规划。

　　（2）和企业信息化发展特征吻合的原则

　　档案信息化发展需要符合信息化技术的发展趋势，不断掌握并应用新的信息技术，对信息系统、存储体系及时更新或完善。同时，将档案信息化建设纳入企业信息化建设，将档案管理系统纳入企业化系统，进行统筹规划。总之，档案信息化要和企业信息化发展特征吻合。

　　（3）注重效益原则

　　在进行企业档案信息化建设时，需要注重效益，包括合理的投入产出比和工作成果的可持续性。如果对信息化效益不够重视，可能会浪费很多企业档案资源，比如，因格式不当导致电子文件无法阅读，又如，使用多个档案管理软件导致档案数据无法互联互通等。因此，企业档案部门要重视信息化效益，进行科学的规划、监控，使企业档案信息化获得持续发展。

（4）**需求导向原则**

只有了解企业档案信息化发展的主要需求，才能从需求出发，制订出解决实际问题的方案，从而提高信息化项目的效率，实现合理的投入产出比。在进行企业档案信息化建设时，从规划到实施，从系统开发到资源构建，都应该以需求为导向，这样才能持续推进档案信息化发展。

（5）**安全保障原则**

在网络环境下，如何防止数字档案信息的泄密、丢失，确保数字档案的真实可用性，成为当下档案信息化建设的重点问题。在信息化时代，网络四通八达，人们可以通过网络不受时空的限制获取信息资源，但这也带来了企业档案资源被非法利用（修改、泄密等）的风险。同时，载体的存储密度变高，一个U盘或者光盘中，可以存储上千份档案，这些都加大了保护企业档案安全的难度。因此，企业在档案信息安全保障方面，需要处理好信息开放和安全保密的关系，建设信息安全保障体系，在硬件、软件、制度、人员等方面进行不断完善，确保数字档案信息的安全。

3.4　信息化对企业档案工作的影响

信息化不仅冲击了企业的思想观念，为企业管理带来新的发展机遇，同时为传统的企业档案管理工作提供了新的管理手段和方法。首先，企业可以对企业档案进行信息化建设，使企业档案在形成过程中可以直接生成电子文件，实现文件形成电子化，然后对这些文件进行数字化存储，即实现文件存储数字化。其次，企业通过利用网络传输这些电子文件，实现文件传递网络化。最后，通过现代信息技术建设档案管理系统，实现文件管理动态化，使企业档案工作可以持续、健康发展。信息化建设对企业档案工作的影响主要体现在以下方面。

3.4.1　企业档案主体向电子文件转变

在信息化建设之前，企业档案的主体通常为纸质档案，需要企业耐心、细致地对这些纸质档案进行护理，如进行定期清扫、防止虫蛀等，需要耗费大量的精力和物力进行保管。

随着信息化时代的到来，企业信息化建设进程加快，给企业档案工作带来巨大的冲击和改变，最明显的特征之一就是电子文件的出现，并且电子文件逐渐成为企业档案的主体。在企业的各项生产、经营和管理活动中，电子文件逐渐代替纸质文件，数量越来越多，极大地冲击了企业的档案管理工作，企业档案进入信息化、数字化时代。电子文件与传统纸质文件不同，具有不稳定、非永久，流动的、能改变，动态的，积极、交互式的等特征（图 3-7）。

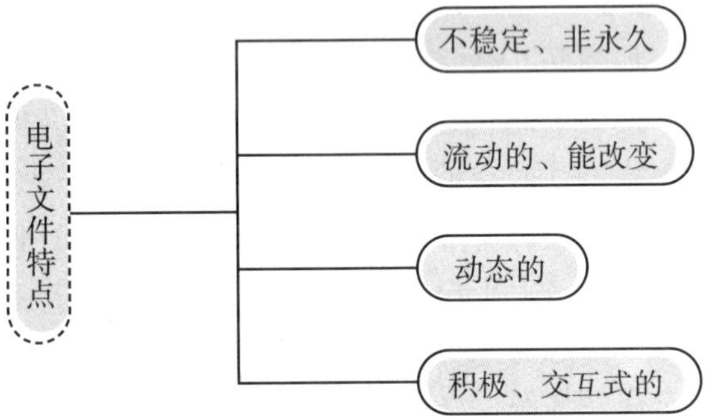

图 3-7　电子文件的特点

企业电子文件也可以理解为反映企业不同职能活动的动态信息的集合，它虽然在形成、存储、传递和管理等方面具有很大的优势，然而也存在很多不足，主要表现在以下几个方面。

第一，需要依赖计算机系统。如果要想企业电子档案文件完成存储、识别和查询等工作，就离不开计算机系统。简单来说，电子文件需要依靠计算机系统才能进行管理，否则，无法发挥出它的价值。

第二，电子文件信息难以保证真实、有效性。电子文件具有易变性，在传递或形成过程中，难以完全捕获，因此容易流失有用的信息，缺失组织记忆，其有效性不能确定。同时，电子文件很容易被人修改，且不易看出修改痕迹，这就难以保证其真实性。

第三，和实体文件的联系无法考察。在将实体文件进行数字化，形成电子文件之前，无法追溯和考察实体文件和电子文件之间的关联，对电子文件的背景和深层信息、知识等无法进行深入挖掘。

除此之外，电子文件可以将文字、图形、声音等各种档案信息加以整合组织，具有集成性，对管理技术的要求很高，需要专业的技术人才进行处理。

3.4.2　企业档案数量与日俱增

信息化时代的到来，带来的不仅只是高效的管理和工作效率，随之而来的还有信息资源的与日俱增。尤其是大数据技术、网络技术、计算机技术的应用，使各种数据资源不断产生，信息资源呈爆炸式增长。企业在生产经营活动中产生的文件越来越多，加上电子文件更加容易记录和复制，其数量以几何级的速度增加，浩如烟海。

根据统计，仅在 20 世纪 60 年代，信息数量倍增周期就缩短为 7 年，而在 20 世纪 50 年代，信息倍增周期是 10 年。

由此可见信息数量的增长速度之快，信息量倍之多。如果不对企业档案文件加以管理，信息只会供过于求，企业会投入更多的人力、物力、时间等资源保存文档，这无疑会增加企业的成本。不仅如此，伴随着信息急剧增加，信息的质量却在大幅度下降。很多有用的信息被无效的信息所掩盖，得不到有效利用，降低了人们对企业档案信息资源的利用率，加大了获取企业档案中有效信息的难度。

面对大量的、无序的企业档案信息，企业该如何利用这些档案信息呢？对企业档案工作人员来说，需要加强文件鉴定的能力，增强自身的档案知识基础，做到快速、有效地筛选出有用的档案文件，用最少的文件数量保存最多的信息价值。传统的企业档案的鉴定方法是，逐份检查、鉴定文件的内容，由企业档案工作人员判断其价值，决定是否收集。随着档案信息的增加，这无疑会给档案工作人员带来巨大的工作量，该如何解决海量文件的鉴定问题呢？可以使用现代信息化技术来帮助企业档案工作人员解决这个问题，通过信息技术筛选有价值的企业档案。

电子文件取代纸质文件，档案文件急剧增加，有价值的文件无法及时被挖掘，这是企业档案信息化所面临和需要解决的问题。

3.4.3　企业档案工作模式的转型

随着企业档案工作的开展，信息化建设成为企业档案工作的主流和趋势，很多企业在信息化建设方面都有所突破和成就，如财务软件系统、生产制造系统、客户资源系统等，这些系统的应用使企业的职能活动更加便捷，管理更加高效。

（1）企业档案信息的集成管理

企业档案管理工作开始进行信息化建设，逐渐转向信息集成管理，其重点在于企业档案信息的开发利用。在信息集成管理方面，主要存在以下问题。

第一，企业之中，企业档案工作的基础是收集和整理各种类型的企业档案文件。然而，各个部门的文件都有自己单独的系统，其数据标准、结构等都有所不同，这无疑加剧了企业档案整理、分类的难度，很难做到信息资源的交换和共享，最终形成"信息孤岛"。

第二，企业档案管理如果要想进行信息化建设，就必须解决企业信息系统多样化的问题，因此对不同信息系统中文件进行收集、归档、整理等工作，是企业档案管理创新需要解决的难题。

（2）企业档案信息的开发和利用

企业档案进行信息化建设的目的是实现档案信息资源的开发和利用，及时有效地为企业进行的各项生产活动提供服务。

在档案信息资源的开发利用方面，很多企业尚未做到最大限度地开发利用，未挖掘出企业档案信息的真正价值。

在信息化时代，信息资源的重要性毋庸置疑，它已经成为企业不可或缺的生产要素和无形资产，是企业竞争的重点。对企业来说，掌握有效的信息资源可以在竞争中占据优势地位。因此，企业需要在各个环节深度开发信息资源，提高自身的竞争能力，获取一定的经济效益。企业档案无疑是企业信息资源中重要的一部分，是企业的无形资源，企业需要加大对档案信息的开发力度，利用信息技术的优势，最大限度地开发出企业档案的价值。

3.4.4 企业档案保密安全性的转变

相比于企业纸质档案，信息化建设中产生的电子档案，在信息的安全性方面也发生了巨大改变。在信息知识产权保护、永久真实保存等方面，电子档案似乎不具有优势。

企业信息化建设会推动信息化管理系统的建立，可以更好地对电子档案信息进行管理，并将电子档案信息整合到该系统之中，但在实际建设中，会不可避免地遇到档案信息的安全问题，包括安全保护和长久保护两方面。

在企业信息化建设中需要加强对企业档案信息的安全保护，防止信息外泄；加强对档案信息的管理，处理好电子文件、电子档案等的保存问题，使之可以长久保存。要想实现档案信息的长久保存和安全保存，就需要建立电子档案载体的异地安全保管机制，建设安全的电子文件归档系统，确保在通过网络传递时，可以有效保护电子档案的信息安全。

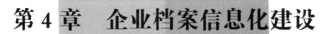

第 4 章　企业档案信息化建设

企业档案信息化建设不仅是企业信息化建设的组成部分，更是企业档案工作发展的必经之路，其总目标为完善企业信息化、提升企业档案管理现代化水平，坚持档案技术和档案管理共同发展。

　　通过档案信息化，可以有效提高档案工作的管理水平，提升企业档案信息资源的利用率，为企业的各项职能活动提供档案服务。本章就企业档案信息化的内涵和内容进行介绍，分析影响企业档案信息化建设的因素，并给出相应的措施和策略。

4.1　企业档案信息化内涵及内容

　　企业档案信息化建设的目标是深化企业档案资源的开发利用，为实现该目标，需要加快档案资源数字化、信息采集标准化、信息存储安全化和信息服务网络化建设进程（图 4-1），这是企业档案信息化建设的重点。

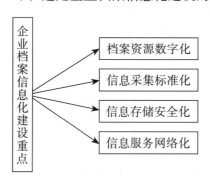

图 4-1　企业档案信息化建设的重点

　　那么，企业档案信息化究竟是什么呢？其内容又包含哪些？本节就这些问题进行简单介绍。

4.1.1　企业档案信息化的内涵

近几年，企业档案信息化不断被提起，也成为众多企业进行档案工作管理的目标。对企业档案信息化你了解多少？它为什么会受到众多企业的追捧？究竟什么是企业档案信息化呢？

（1）**企业档案信息化的概念**

企业档案信息化是一种管理过程，包括对归档文件、数据信息资源和档案的采集、整合、维护和提供利用的过程。

企业档案信息化还是一种工作方式，通过应用信息技术对企业档案进行管理。企业档案信息化是企业档案管理的创新，可以有效提高企业的综合实力。

企业档案信息化是发展的过程，随着科技的进步、时代的变化，人们对企业档案信息化的认识也在不断深化，关于企业档案信息化，不同的学者有自己的理解和认识。

综合来说，企业档案信息化，是指企业在相关的法律法规的指导下，结合先进的、科学的管理理念和组织管理手段，在满足市场需求的基础上，利用先进的现代信息技术、网络技术等，整理和处理企业的原始文档或其他形式的资料信息，及时处理有效信息，保证企业信息的完整性。同时，通过制定规范的传输标准，进行档案信息的数字化和网络化，达到资源共享的目的，实现企业档案信息的高效利用，提高企业的经济效益，为社会和企业发展提供各种服务。

（2）**企业档案信息化的原则**

①坚持统筹规划原则。

企业在进行档案信息化建设时，要注意与企业信息化建设协调发展，在进行统筹规划时，在本企业以及所属企业范围内，对档案信息化建设实行统一的规划、管理、制度和标准，对企业电子文件和档案的形成、积累和整理制度，企业档案的收集、归档、鉴定和销毁制度，安全管理与责任追究制度等进行完善和统一，只有这样才能从根本上规范企业整体的档案信息建设，杜绝不合理企业档案的产生。

②坚持同步原则。

企业档案信息化属于企业信息化建设的组成部分，因此企业档案部门需要和企业信息化建设部门加强联系，同步进行建设。

在企业改革和发展过程中，企业档案部门需要提出档案信息化的基本要求和方向，将档案管理系统融合到企业信息化系统之中，衔接企业各项业务信息和业务流程，使企业档案部门可以更加方便地收集各种档案信息。

③坚持创新管理原则。

档案信息化不仅是技术问题，同时不能忽略其中存在的管理问题，只有技术和管理齐头并进，才能真正实现企业档案信息建设的目标。在企业档案管理方面，需要对管理流程和管理方式进行创新，与企业信息化实现良性互动。

为改善企业档案的管理流程，企业档案部门应该以管理统领信息技术，以信息技术促进管理创新，可以应用信息技术的最新成果，改进企业档案管理的理念、方式和手段。当然，在应用信息技术时，也不能冒进，最新的信息技术不一定符合每个企业，需要选择符合企业实际情况和管理需求的信息技术。

（3）企业档案信息化的特征

①原始性。

原始性是指企业的电子文档和传统的纸质文件生成一致，并不是指文档的保存形式。

在传统档案中，纸质档案是原始的记录载体，在进行档案鉴定工作时，传统的企业档案要求纸质档案和最终的文件保持一致，这样才能保证文件的真实可靠性。

和传统的档案不同，电子档案是纸质档案不断发展的结果，其形成方式有两种，即可以对纸质档案进行数字化形成，也可以通过计算机记录形成，电子档案以电子文档的方式存储，原件和最终的存档关系不大，也就是说最初的电子文档可以和最终存档的文件不同。企业档案信息作为历史记录和凭证记载着企业生产活动的信息，在档案信息化的整个过程中，都需要保证档案内容的原始性和真实性，只有这样，才能为企业的各项职能活动提供优质的信息服务。

②完整性。

在企业档案信息化的过程中，需要利用现代技术将档案信息有组织地录入计算机，是有组织、有计划的过程，因此需要保证信息的全面性和系统性。

企业档案信息中记录着企业的历史信息和生产经营活动的基本信息，因此在进行档案信息传递和分享时，需要全面、系统管理企业各个部门的档案信息，使用统一、标准的格式保存，可以保存为纸质档案或电子档案。

③服务性。

企业档案保存的目的是利用已有的企业档案信息为企业创造更大的价值，因此如何最大限度地提高企业档案信息的利用率，成为企业档案工作的重点。

企业档案信息化具有服务性的特征，这是由企业档案的特点所决定的，为加强企业档案信息的服务水平，可以采取以下手段。

第一，加强企业档案管理部门的基础建设，如企业档案的网站建设、平台建设等，这样可以使企业档案的存档、传输过程变得更加便捷。

第二，完善、改进企业档案的使用制度。要想提高企业档案信息的利用率，就需要提供相应的渠道或方法，使需要档案信息的人或组织快速获得企业档案，因此需要建立和完善相应的企业档案使用制度。

④发展性。

企业档案信息的根本特征就是发展性，企业档案信息化是社会和科学技术发展的成果，会随着科技的进步和企业的需求而不断发展变化。

企业档案信息化关乎企业的发展，为企业决策提供参考信息，可以有效推动企业的发展，而随着大数据技术、云计算技术等现代技术的出现，企业档案信息化无疑会更加依赖这些技术，同时这些技术会使企业档案信息的开发变得更加方便，可以使档案信息得到最大限度利用，企业将会形成新的管理模式。

⑤机密性。

企业档案信息中包含着珍贵的信息，如企业的科技数据、用户信息数据等，因此在使用企业档案时需要注意保密性，避免档案的机密信息泄露。

在企业内部，企业档案信息有时会涉及技术秘密和商业秘密，因此其档案信息并不是所有人都可以查阅的，仅限部分企业人员使用，在使用企业档案信息时，要遵守相关的法律制度和程序，还要遵守企业内部的规章制度，以保证企业的核心档案信息的安全，避免被他人非法占有。

4.1.2 企业档案信息化的内容

企业档案信息化内容的覆盖面很广，包括企业生产经营活动的方方面面，可按照宏观和微观建设的七个要素进行建设（图4-2）。

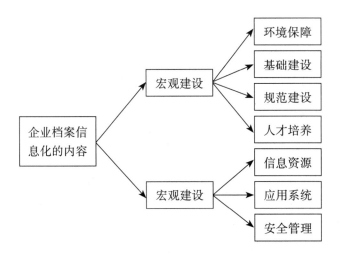

图 4-2　企业档案信息化的内容

宏观建设侧重于企业档案信息化的整体背景构建，包括创造适宜的环境、提供全面的保障等。

微观建设是从档案信息资源建设的角度出发，是指在企业档案产生到保存的整个周期中，应用现代信息技术等来提高企业档案管理效率和服务水平，包括资源创建、资源管理、系统设计等内容。

整体背景构建和资源建设共同构成了企业档案信息化建设，前者是基础，后者是核心，两者相辅相成，相互依存。

（1）环境保障

环境保障是企业档案工作的宏观环境，包括管理体制和相关的社会服务体系，是企业档案信息化建设的前提和保障。

①管理机制。

企业档案管理机制是否科学关系到企业档案的要素能否合理进行配置，影响着企业档案信息化能否顺利进行。

改革开放以来，政企分开管理，企业的产权比较清晰，因此企业档案管理成为企业的内部事务，直接受到企业的管理。简单来说，企业档案受到国家法律的保护和监管，国家档案管理机构有监督指导的责任，企业档案部门需要在相关法律、政策的指导下对企业档案进行管理。

在企业档案管理机制上，企业需要实行统一标准、统一制度、统一领导和统一管理。同样，在进行企业档案信息化建设时，各级档案行政管理部门需要加强引导，做出规划和指导，实行统一标准和制度，保证企业档案信息化顺利进行。

②相关社会服务体系。

企业档案信息化建设不能仅靠企业档案主管部门，还需要其他社会力量的帮助，如信息安全服务商、档案管理软硬件提供商等，这些组织和部门为企业档案信息化建设提供必要的设备和保障，企业档案部门需要采取一定措施吸引这些组织参与档案信息化建设，这样才能保障企业档案信息化顺利开展。

（2）基础设施

基础设施包括企业的硬件和软件设施，前者包括网络、计算机设备、机房等设施，后者包括操作系统、数据库管理系统等，这是企业档案信息化的基础，不可或缺。

对企业来说，要想开展企业档案信息化建设，就必须加大对基础设施的建设力度，保障基础设施的完善。企业可以根据档案信息化建设的程度和自身经济实力对基础设施进行规划、采购、研发等工作，如购买计算机设备、研发相应的企业档案管理软件等，特别是对档案信息化的基础设施（如计算机、扫描仪等设备）进行合理规划。

（3）规范建设

规范建设不仅包括制定与档案信息化相关的法律法规、政策方针等，还包括制定对相关的电子文件、电子档案进行管理的标准规范和实施细则。

档案信息化建设是一种新的管理方式，具有数字化、自动化、网络化的特征，在档案信息化建设过程中会遇到很多问题，现有的法律法规并不能完全解决，如电子文件的凭证作用、信息开放的原则和内容等，因此需要相关的法律法规对企业档案信息化进行调整，将企业档案信息化纳入相关的信息化发展战略，从整体和全局方面，对企业档案信息化进行指导，制定出符合信息化时代和社会发展的企业档案信息化规划和政策。

同时，企业在进行档案信息化的过程中，不可避免会遇到操作规程问题，如电子文件、电子档案的保存格式问题等，这些都需要通过标准规范进行解决。

和传统的企业档案管理相比，数字档案的管理对标准化的要求更高，需要制定更加严格的标准。例如，需要对电子文件的存储格式进行统一规定，否则可能会因为格式不一致造成档案信息的丢失。因此，企业需要根据自身的特点和需要，制定一系列的档案管理制度规范和实施细则。

需要注意的是，企业档案信息的范围和种类并不是一成不变的，会随着时代的变化而发生改变，在制定规范时，优先考虑国际、国家的标准，其次考虑地方标准，要优先采用使用范围较广的标准。

（4）人才培养

在进行企业档案信息化建设时，需要专业的档案人才、技术人才和管理人才。这些人才并不会凭空出现，需要通过学校教育、在职教育等来培养，需要在师资建设等方面努力，整体来说，企业档案人才的培养需要国家和企业的共同努力。

对企业来说，企业各级档案管理部门需要积极招聘相关专业人才，同时提升在职人员的素质，强化其计算机基础知识、计算机操作水平、网络技术知识、档案管理知识等，建立相应的档案人才队伍体系，推动企业档案信息化进程。

（5）信息资源

信息资源建设是企业档案信息化的核心，其建设内容有资源创建、资源管理和资源服务三个方面（图 4-3）。

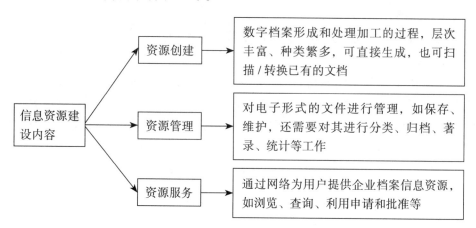

图 4-3 信息资源建设内容

创建企业数字档案信息是企业档案信息化的立身之本，没有数字档案资源，就谈不上企业档案信息化。按照信息的加工程度，可以将数字档案分为原文信息、目录信息和编研信息，包括图像、音频、视频等多种形式。

对创建的数字档案信息进行管理，是企业档案信息化的核心任务，需要对这些数字档案进行维护，维护工作包括存储、载体转换、迁移等。因此，企业需要在进行档案资源管理建设时，根据管理工作的具体内容加以规划。

为用户提供资源服务是企业档案信息化的最终目的，网络服务是目前最有前景的服务方式。因此，企业在档案信息化的建设中，可以通过局域网或互联网为用户提供服务。

　　（6）应用系统

　　企业档案管理系统是用来管理企业档案资源的计算机系统，不仅包括部分硬件基础设施，还包括操作系统、应用软件和数据库管理等。在进行档案管理系统设计时，需要对以下内容进行规范。

　　第一，对计算机、服务器、交换机、防火墙、路由器等进行部署，使企业的管理系统可以顺利运行。

　　第二，明确企业档案管理软件和平台的类型，并对其进行开发与维护，在对企业档案信息系统进行设计时，离不开软件和平台的使用，甚至会直接用"档案管理系统"称呼档案管理软件，可见管理软件的重要性。

　　第三，明确企业档案存储介质和存储方案，不同的电子文件有不同的存储介质和格式，在开发或选择档案管理软件时，需要明确这些问题，使企业档案拥有统一的格式。

　　第四，明确档案的备份、灾难恢复等安全保护技术，采用这些技术可以保持档案管理系统的稳定性。

　　在对档案管理系统进行设计时，可以利用分模块的方式进行设计，分为档案辅助管理系统、电子文件管理系统和集成档案管理系统三个子系统（图4-4），每个子系统完成不同的功能，这样可以把档案管理系统设计得更加有条理、更具有层次性。

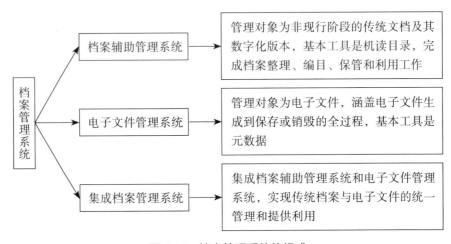

图4-4　档案管理系统的组成

在设计企业档案管理系统时，应遵循模块设计、分层实现和循序渐进的原则，并将该档案管理系统链接到其他信息管理系统（如设计、财务、生产等管理系统），这样可以保证档案部门收集的电子文档的全面性和有效性。

在选择或研发档案管理软件时，需要遵守相关的法律法规，其功能应满足如下要求。

第一，软件包含多种存储格式，可以适应多种类型的电子文件，并支持实时浏览，通过互联网或内部网络可以实现检索企业档案。

第二，可以满足企业文档一体化管理的需求，如能够实现电子文件的收集整理、数据存储、权限控制、检索浏览、鉴定销毁等工作。

在管理档案信息数据库时，企业档案部门要注意和信息管理部门合作，对各类业务信息系统（如客户关系管理系统、产品数据管理系统等）形成的文档和数据库信息进行归档，并提出归档管理。

（7）安全管理

进行企业档案信息化建设需要特别注意档案信息的安全问题，需要从技术和管理的角度，保证企业档案实体和电子档案的信息安全。因此，企业不仅需要制定严格的管理制度，还要加强信息技术的研发，确保档案信息网络传输的安全以及档案数据库的安全，其建设内容包括管理安全、环境安全、人员安全和数据安全等（图 4-5）。

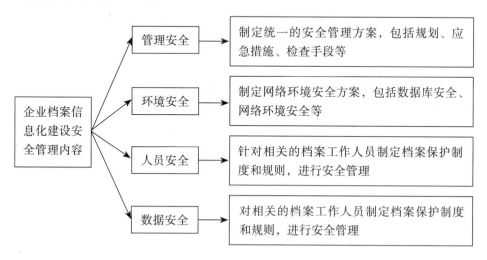

图 4-5　企业档案信息化建设安全管理内容

在实现档案信息化的安全管理建设时，企业需要建立基本的安全服务，制定专门统一的安全标准，并提供相对应的安全方案。

4.2 企业档案信息化的作用

企业档案信息化是当代档案学理论和实践的核心内容，同时是企业档案工作的重点。企业档案信息化是在科学的思想和方法的指导下，利用现代化的技术管理企业档案资料，优化企业档案的管理效率，提升档案利用率。那么，企业档案信息化对企业而言，具有什么样的作用，对企业有哪些益处呢？本节就企业档案信息化的作用进行简单介绍。

4.2.1 提升企业管理效率

企业档案信息化是企业档案部门对信息技术革命的积极回应，是档案管理事业发展的必然趋势，它推动了档案管理工作理念、手段、内容、方法的创新，提升了管理效率。

提升管理效率意味着在进行档案管理工作时，可以用较少的人力、物力和时间完成较多的工作，或者提高工作的质量，具体表现在以下方面。

（1）实现档案管理自动化

随着计算机等先进设备的应用，企业的很多日常工作都可以实现自动化。对企业档案工作来说，有很多烦琐复杂的工作，如企业档案的归档、存储、鉴定和统计工作等，往往需要企业档案工作人员耗费大量的时间和精力完成。当企业档案进行信息化建设之后，就可以利用计算机对产生的电子档案进行处理，如归档、统计等工作会变得十分便捷，可以实现自动化管理，节省档案工作人员的时间，提高工作和管理效率。

除此之外，档案信息化建设对实体档案的管理也有帮助，如立卷、实体分类等，可以减少档案工作人员的人工劳动，提升管理效率。

（2）保护历史档案原件

对企业来说，总有某些珍贵的历史档案原件是不可失去的，而企业档案信息化建设可以保护这些历史档案原件，主要体现在以下方面。

第一，历史档案原件多数是纸质类型，其保存时间有限，加之企业对这些档案的不断查阅，往往会对其造成一定损伤。如果利用信息技术、数字化技术等将原件转换为数字化版本，则可以减少对企业档案原件的损伤。

第二，纸质类型的载体保存时间是有限的，就算是用特殊介质保存的影像类或音频类，也会随着时间流逝发生一定程度的损伤，导致档案原件无法顺利传承下来。利用电子方式的载体或介质可以有效保护这些档案信息，将历史档案进行数字化处理，选择合适的格式，档案信息就可以长久保存。

4.2.2　提升企业档案服务水平

企业档案信息化建设可以提高档案管理部门的服务水平，使用恰当的方式为企业提供丰富的、多元化的档案信息服务，主要体现在以下方面。

（1）**满足企业多元化需求**

在传统的企业档案工作模式下，企业档案的检索依靠人工，且检索工具有限，只能提供一种检索角度，这显然并不能满足企业的需求。

进行档案信息化建设之后，可以利用档案管理系统进行数据处理，档案管理系统具有多项优点，不仅处理速度快，而且质量很高，可以有效满足企业的多元化需求。例如，可以实现目录数据的多次输出，也可以多个检索角度检索档案等。

（2）**提高用户的查询效率**

传统企业档案工作模式下，用户如果想要对企业档案进行查询，只能依靠人工的方式进行查找，不仅费时费力，有时还会发生遗漏。

企业档案信息化的建设则改变了这种局面，在信息技术的支持下，用户在档案管理系统中输入检索词，短时间内就可以得到检索结果，且具有较高的查全率和查准率，十分便捷。不仅如此，用户甚至不用到企业档案部门亲自查询，只要在联网计算机上就可以进行查询，这种跨时空、综合性的查询方式，深刻改变了企业查询档案资料的方式，具有明显的优越性。

（3）**丰富档案服务内容和手段**

企业档案信息化建设依赖于网络环境和网络技术，丰富了企业档案服务的内容和手段，具体表现在以下方面。

第一，网络技术的应用丰富了档案服务的内容。例如，可以将档案信息以视频、音频等形式进行展示，使档案信息更加生动形象。

第二，网络技术的应用丰富了档案服务的途径。例如，可以将档案信息进行整合，通过超链接、超媒体的形式进行访问，还可以利用电子邮件、手机短信等手段为企业提供服务。

总之，随着网络技术的进一步发展，用户获取、利用企业档案信息的手段和途径会越来越丰富，企业档案部门提供的档案内容也会更加全面。

4.2.3　提升企业档案管理人员的素质

对档案管理工作者来说，企业档案信息化建设是自身获得进一步发展的机遇。在企业档案信息化建设中，企业的技术应用、系统设计和档案需求等都发生了改变，这些都需要企业档案管理人员提升自身的素质，主动求变。

企业档案管理人员应加强与外界的交流和合作，寻求方式、手段等方面的支持，如在信息技术、图书情报等领域深化合作，加大对外的开放力度。

同时，随着档案信息化的发展，档案管理人员需要在实践过程中不断提升自身的能力和视野，增强自身的专业素质、信息素质、综合素质等。

综合看来，企业档案信息化建设对企业发展具有重要的作用，可以有效促进企业进一步发展。

4.3　影响企业档案信息化的因素

企业档案信息化对企业档案管理事业发展有很大的作用，但在企业档案信息化建设的过程中，总会由于这样或那样的因素影响企业档案信息化建设，这些因素有哪些？它们又是如何影响和制约企业档案信息化建设的呢？下面对这些问题进行简单介绍。

4.3.1　观念意识因素

目前，多数企业及其工作人员缺乏对企业档案信息化建设的正确认知。落后的意识严重制约了档案信息化建设，主要表现在以下几个方面。

第一，企业人员认知不到位，认为企业档案管理工作，如企业档案的收集、整理等，仅仅只是企业档案管理人员的事情，和自己无关。这一落后的观念导致企业档案无法及时进行归档和整理。在现代化的档案管理理念中，企业档案信息化建设是企业全体员工的任务，需要每个员工参与，这样才能保证企业档案资源可以被周密、全面地收集，使档案信息化建设更加规范，从企业内部增强档案管理的工作活力。

第二，企业档案信息化建设处于边缘化地位。企业的发展目标是实现最大程度的经济效益，和其他建设工作相比，企业档案信息化建设不能直接为企业产生效益，多是作为基础性的服务工作，这就导致了企业档案信息化建设不会受到重视，难以得到财力、人力的全面支持，因此企业档案信息建设的进程则会变得缓慢，难以发挥出应有的作用。

第三，企业档案信息化建设不平衡。对中小型企业来说，其规模不大，资金有限，而企业档案管理部门是最容易遭遇生存危机的，就更不用说企业档案信息化建设了。大型企业资金充足，对企业档案信息化建设比较重视，其企业档案信息化自然可以获得较好的发展，一般而言，影响企业档案信息化建设的因素有企业的发展规模和经济效益、企业的行业发展性质、企业的开放程度和类型三种（图 4-6）。

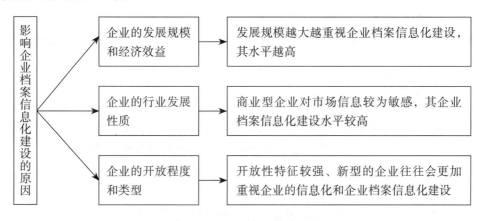

图 4-6　影响企业档案信息化建设的原因

总之，不同的观念意识会造成不同的结果，对我国大多数企业来说，其企业档案信息化建设意识比较薄弱、观念比较落后，严重制约了企业档案信息化建设的发展。

4.3.2　规划和管理制度因素

在进行企业档案信息化整体规划时，需要明确其发展目标，以企业实际情况为基础，制订出符合并适应企业现状发展的规划方案，发挥出企业档案信息化的潜能。

（1）总体规划因素

企业档案信息化建设属于基础性的服务建设，因此在企业进行总体发展规划时，要注意基础性的服务建设，阶段性地实施项目规划。在进行企业整体规划时，不少企业会忽略企业档案信息化建设，甚至没有企业档案信息化建设规划，导致在进行企业档案信息化建设时缺乏目标和方向。

只有当企业档案信息化建设和企业整体规划相互融合之后，才能为企业档案信息化建设指明发展方向，贯彻落实企业档案信息化的每个环节，使得企业档案管理工作变得越加井然有序，体现出科学、合理的企业档案信息化建设。

同时，要制定科学合理的规章制度，而不是"生搬硬套"，只有结合企业的具体情况，才能为企业解决实际问题，促进企业档案信息化的进一步发展。

（2）**管理制度因素**

在管理制度方面，有些企业对档案信息化建设存在错误认知，盲目开展，造成资源的浪费，具体表现在以下方面：①随着企业对档案信息化建设的逐步重视，其逐渐成为档案管理工作的重要内容，许多企业在实践过程中开始不断尝试，然而在实际的执行过程中存在冒进行为，即完全忽略企业的实际情况，盲目开展，导致企业档案部门资源的浪费；②企业的档案利用率很低，很多时候，企业档案信息仅仅是在库房中"吃灰"，而不是活跃在企业的各个部门，没有得到相应的利用。同时，企业档案相关人员在进行档案处理工作时，没有进一步的鉴定工作和相应的处理措施，甚至很少销毁企业档案，这会影响或制约企业档案信息化建设进程，会让人质疑企业档案信息化的必要性。

综上所述，在进行企业档案信息化建设时，必须明确档案管理工作的目标、思路，结合企业的具体情况和成本管理，结合企业发展的总体规划，建立科学、标准、规范的档案管理制度，为企业档案信息化添砖加瓦。

4.3.3　人才和技术因素

在信息化时代，人才和技术是企业不可缺少的部分，他们影响着企业方方面面的发展，如果企业具备人才和技术，无疑会在竞争中占据优势地位。人才和技术是企业不断发展创新、保持竞争活力的制胜法宝。人才和技术可以在很大程度上推动企业档案信息化建设，具有十分重要的作用。

（1）**人才因素**

和一般的专业人才不同，企业档案人才有独有的特征，主要表现在有专业的技能和素养，并勇于开拓创新。众所周知，要想顺利开展企业档案信息化工作，离不开专业人员高超的技术水平和专业素养。可以说企业档案信息化工作开展的效果取决于档案工作人员的职业技能和专业实力。

第一，人才是企业档案信息化的内在驱动力，具有高素质的综合性人才可以提供优秀的工作服务，他们往往掌握着多项技术，可以有效促进企业档案信息化的发展。在开展日常工作时，可以凭借自身的专业技能、综合素质等，提高企业档案信息化的效率和质量。

第二，人才是社会发展的重要基础力量，不仅是企业，社会也同样需要综合型、高素质人才，因此要实现企业档案信息化工作的顺利开展需要主动培养高素质的专业人才。

总之，企业档案信息化工作离不开专业人才，需要建立人才培养机制，聘任专业的档案管理人才。目前，我国企业档案信息化人才在专业方面的能力普遍不足，具体表现在以下方面。

对中小型企业来说，其缺乏专业的档案管理人员，多由其他工作人员兼任，由于缺乏专业的技能和能力，往往使企业档案信息化不能顺利开展。

现阶段，部分企业档案工作人员仍然习惯使用传统的工作方式和管理模式，即使用人工对企业档案进行管理，他们缺乏系统的计算机技能，就更不用说掌握现代科学技术和网络技术了。

由于某些历史原因，档案管理人员对文书档案工作比较熟悉，但对于新出现的企业档案类别不够了解，不能很好地完成收集、整理等工作。在日常管理方面，局限于自己熟悉的管理方式，档案管理工作方式比较单一。

（2）**技术因素**

对企业档案信息化建设来说，技术是必不可少的因素，只有通过现代科学技术才能实现企业档案的数字化、网络化，这些也是企业档案信息化的基本特征，涉及计算机技术、自动化技术、数字化技术、图形图像技术、人工智能技术、网络技术等技术（图4-7）。

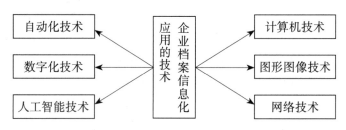

图4-7 企业档案信息化应用的技术

在企业档案工作中，信息技术的应用是全方位的，涵盖企业档案收集、保存或销毁的全过程，采取科学技术有以下优势。

第一，可实现资源的整合和优化，减少资源的浪费，降低管理成本，同时提升企业档案的管理效率。

第二，企业档案工作人员利用计算机技术实现对企业档案的简单加工，如目录检索等，改进企业档案加工方式，可以有效缓解经费紧张的情况。

第三，在档案信息化工作中，利用科学技术可以实现一次投入多次使用，最大限度地提升了档案工作人员的工作效率。

因此，科学技术可以有效地影响企业档案信息化建设，实现对企业信息的收集、整理和分析。同时，企业档案信息化建设利用高科技手段，能快速提高工作效率。

4.3.4 管理和协调因素

企业档案部门是企业信息的主要聚集地，保管着企业在生产经营活动中的信息，具有很多优势。但实际上，很多企业档案部门存在着沟通协调方面的问题，如无法及时和其他部门进行沟通，常常是各自为政。主要表现在以下方面。

第一，档案资源管理过程不规范。在进行企业档案收集、管理工作时，存在数据管理不善、操作不规范的现象，如企业各个部门产生的电子文件未按照规定移交给企业档案部门，而是交由相关技术部门保管，这就使电子文件档案信息的管理混乱，没有条理。同时，企业档案信息化建设难以和其他信息管理系统建立联系，这更加剧了电子档案管理不规范的问题。

第二，从整体看来，企业档案信息化的管理水平偏低，其系统建设不完善，主要表现在日常操作方面，如更加偏重于某个环节或者某个管理功能，这往往会制约企业档案信息化管理，使其难以和其他信息管理进行有效衔接。

第三，电子信息采集缺乏统一标准。随着信息技术和网络技术的发展和应用，企业可以使用的软件类型越来越多，电子文档格式也越来越多，由于缺乏统一的标准，在电子档案采集过程中，难以保证电子文档的一致性，这给电子档案的信息集成工作带来了一定困难，同时制约了企业档案信息化建设的发展。

企业档案信息化管理的发展方向是实现文档建设一体化，要实现这个目标，企业档案部门就需要和企业的生产经营活动等部门紧密联系，进行有效沟通和交流，促进企业档案信息系统和其他信息系统的衔接。

4.4　企业档案信息化发展策略

企业档案信息化建设可以为企业的发展提供参考信息，关系企业的发展，其重要性不言而喻。可以采取哪些措施和策略来促进企业档案信息化发展呢？本节就这些问题进行详细介绍。

4.4.1　树立企业档案信息化意识

目前，很多企业缺乏档案信息化的意识，认为企业档案无足轻重，实际上这种想法是非常错误的，会使企业失去很多发展机会，因此，企业必须树立正确的档案信息化意识，可以从以下方面着手。

（1）**提高企业档案工作人员信息化意识**

随着信息化时代的到来，很多现代科学技术应用在企业之中，企业办公自动化逐渐成为日常，这也为企业档案信息化建设提供了便利条件，加快了企业档案信息化的步伐。这些外部条件的改变，促使企业档案工作人员改变原有的思想观念。打破旧的、传统的档案管理观念，需要树立信息化意识，了解档案信息化建设的重要性，认识到企业档案管理模式会被现代化的信息工作方式所取代。

当今时代，档案需求者对企业档案有了新的需求，希望企业和社会可以提供更加良好的档案服务，以满足自身的需求。因此，企业档案工作人员需要更新思想观念，跟上时代的步伐，对自身的知识结构和服务理念进行拓展、创新，不断提升档案服务的质量，在企业档案工作中实现自身的价值。

（2）**提高企业领导对企业档案信息化的重视程度**

树立企业档案工作人员的信息化意识并不困难，因为他们有自己的专业基础，很容易就能意识到企业档案信息化的优势。然而，对企业领导来说，他们尚未充分意识到开发企业档案信息资源的重要性，因此需要吸引企业领导对档案信息化的关注。

企业领导重视企业档案信息化建设，自然会加大资金投入力度，这样会有效推动企业档案信息化的发展，企业各个部门的配合和沟通也会更加顺畅。同时，企业领导认识到企业档案信息化建设是企业开展现代化管理的必要环节，不可或缺。

企业档案信息化建设是企业实现科学决策和管理的内在需要，高素质的专业人才队伍是企业发展的动力，只有企业领导深入了解这一点，才能使企业档案信息化建设顺利进行。

"独木难成林"，企业档案的信息化建设需要企业各个部门的配合和协调，需要企业领导的重视，需要企业每个员工的共同参与，只有这样才能快速完成企业档案信息化建设。

4.4.2　建设企业档案信息化制度

企业档案信息化的建设离不开制度的规范，只有建立完善的管理制度和宏观指导，才能在信息化建设过程中做到游刃有余，胸有成竹。建立一个条理分明、科学合理的企业档案信息化系统，可以从以下方面着手。

（1）**明确目标和原则**

无论做什么事情，我们首先要知道这件事情的目标，这样才能保证一直在正确的方向上前进。因此，在进行企业档案信息化建设时，首先要明确其目标和原则。

企业档案信息化建设的核心目标是提升企业管理水平并完善企业信息化标准，因此在进行企业整体信息化发展的规划时，就需要考虑企业档案信息化建设，注意两者的相互结合和融合，协调发展，将企业档案信息化建设和企业发展需求结合起来，建立科学、合理的管理系统，实现企业档案资料的保管、收集和利用，可以按照实用、逐步推进与效益发展原则开展（图4-8）。

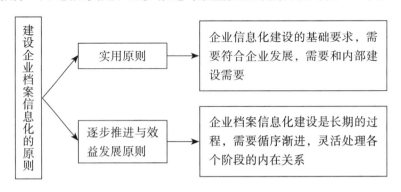

图 4-8　建设企业档案信息化的原则

实用原则要求企业在进行档案信息化建设时，要综合考虑企业的现实需求，如资金投入、设备建设等，不要盲目开展建设，造成不必要的资源浪费。

逐步推进与效益发展原则要求企业在进行档案信息化建设时，不要急于求成，要有组织、有计划地推进各个阶段的工作。

企业档案信息化建设服务的目的是提高企业效益，因此在建设过程中必须衡量投入和产出、整体和局部、社会效益和经济效益等问题，注意企业的现实情况。

（2）建设科学合理的管理机制

档案信息管理机制是企业进行档案信息化建设的重要前提和保障，为企业档案信息化提供制度保障和管理保障，需要经过以下几个步骤。

第一，建立组织机构。如果想对企业档案进行管理，就需要拥有专门的组织机构，配合进行档案管理工作，如对企业各个部门的信息进行整理和归纳。

第二，明确档案管理职责。企业档案部门是信息集成中心，对企业档案有管理的职责，其重点是构建企业档案信息管理系统，并负责后续的服务工作。

第三，制定相应的企业档案管理制度。企业档案工作人员在进行档案工作时，需要遵守一定的规章制度，使企业档案工作更加标准和统一。例如，对企业信息的收集、录入等管理工作制定严格的标准，对访问权限和密码进行严格规定等，通过建立企业档案信息化制度，促进企业档案信息化工作的顺利进行。

企业档案信息化建设以企业为中心，需要协调企业的各项需求，帮助企业制定发展战略。对企业档案工作者来说，要在档案信息化的基础上，汲取成功的经验，不断创新，做好档案信息服务工作。

4.4.3　建设企业档案信息化人才队伍

要想提升企业档案信息化建设水平，就必须重视档案信息化建设专业人才队伍的建设，需要改变传统的企业档案管理工作方式和手段，可以采取以下措施。

（1）树立信息化观念

当今时代，是一个追求高效率和快节奏的时代，人们越来越重视时间观念，讲究效率成本，希望可以低成本、高效率地实现目标。传统的企业档案管理模式依靠人工，效率低下，显然已经不适合时代的要求。因此，需要调整企业档案信息化人才的服务理念，其具体做法包括档案管理服务工作由封闭向开放转型，调整服务方式和内容等（图4-9）。

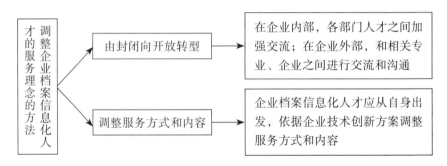

图 4-9　调整企业档案信息化人才的服务理念的方法

企业档案信息化人才在档案信息化建设过程中，该如何发挥出自己的价值呢？其工作方式如下。

首先，企业档案信息化人才需要从企业发展的角度思考问题，以企业的需求作为中心，开展档案服务工作；其次，需要具备以企业为中心的服务意识，掌握企业现阶段的工作中心，并关注企业未来的发展趋势，做出预见性的档案服务措施；最后，需要具备时效的服务意识，即关注社会当前的发展趋势，为企业提供与市场、社会在当前阶段紧密联系的档案信息服务。

总而言之，企业档案信息化人才需要具有敏锐的思想意识，对企业的发展状况有所了解，可以捕捉相对有效的资源信息，提供主动服务，发挥出挂接企业档案和企业档案利用者的作用，转向研究型和开发利用型。

（2）提升信息化素质

企业档案工作需要专业的人才，在进行档案信息化建设的过程中，更是离不开专业的人才，尤其是具备计算机技术、网络技术等现代科技的人才，因此需要用多种方式培养企业档案信息化人才，可以采取以下措施。

第一，和高等院校进行合作。高等院校是培养专业人才的摇篮，因此，企业可以和高等院校进行合作，促使其培养专业的档案信息化人才。

第二，从社会中招聘计算机专业人才，由其对企业档案工作人员进行培训。和传统的企业档案管理工作不同，企业档案信息化建设中会应用很多现代科学技术，因此需要计算机专业人才帮助工作人员掌握档案信息化中需要的信息技术知识和技能，培养档案信息化人才。

第三，对企业在职人员进行职业教育。企业需要为培训教育提供资金和政策支持，可以抽调部分既具有扎实的计算机技术又具备档案专业知识的人员提供培训。在培训时，被培训人员不仅要认真学习，掌握理论知识，还要注意实际操作，在实践中获得成长。

当然，采取远程培训的方式，同样可以提升档案信息化人才的素质，使之获得良好的职业技能。

（3）提升信息化创新意识

企业要想进一步发展，就离不开创新，创新是企业的动力源泉。企业档案工作人员当然也需要具备创新意识和能力，能够敏锐地捕捉到对企业发展有价值的信息，可以采取以下方式提升档案管理工作人员的创新能力和意识。

第一，突破传统思想观念的束缚，创新工作方式。信息化时代，信息资源尤为重要，是保持企业竞争优势的因素之一，因此档案信息化人才需要以积极、开放的心态面对市场竞争，树立新的市场观念和信息观念。

第二，随着现代化经济和市场的发展，企业需要的人才更多的是具备综合素质的人才，能够掌握多个学科或专业的知识的人才。因此档案信息化人才需要拓宽自己的知识领域，积极学习和档案相关的其他领域的知识，使自身成长为高素质的综合人才。

第三，关注企业发展，合理运用资源。企业档案信息化人才需要关注企业生产第一线，了解企业发展的全过程，然后通过合理利用企业档案的资源，将创新点和企业的经营活动紧紧联系在一起，创新工作方式和手段，为企业和企业档案事业的发展做出贡献。

4.4.4　建设档案信息化标准规范体系

要想企业档案信息化建设顺利开展，就必须制定企业档案信息化建设标准规范，这是基础和保障，如果没有标准规范，在形成电子文件或数据时，就无法进行交换和利用，资源共享更无从谈起。同时，缺乏标准规范会对数字档案的质量造成一定影响。因此，标准规范是进行档案数据管理的必要条件。

目前，国家档案行政管理部门陆续出台了很多档案信息化建设的标准规范和管理制度，企业的档案部门应该根据这些标准规范和行业标准，结合企业管理的特点，制定企业档案信息化标准规范体系，为企业档案实体管理向企业档案信息管理转型提供有力支撑，使企业档案信息化建设有章可循。

在制定企业档案信息化标准规范时，应该优化档案管理流程，创新档案管理模式，充分利用信息技术的优势，在现有的传统标准规范的基础上，制定相关的档案信息化标准规范。需要注意的是，信息安全管理是一个新的领域，在制定标准规范时，需要按照法律法规进行制定，这样才能不断推进企业档案信息化深入、有序开展。

第 5 章　基于信息化的企业档案技术创新

在企业档案进行信息化建设时，需要用到很多科学技术，其中最重要，也是最基础的就是数字化技术。利用数字化技术实现企业档案数字化，可以实现利用计算机对企业档案进行智能化管理的目的，因此，数字档案是企业档案信息化建设的基础。

本章介绍了企业档案数字化的概念和要求，并就企业档案数字化的内容和工作流程进行阐述。

5.1　企业档案数字化的概念及应用

企业档案数字化是企业档案事业发展的必然趋势，对档案进行数字化处理离不开科学技术的应用，在进行企业档案数字化工作时，主要需要数字加工、扫描、模数转换、自动识别、语音识别等技术（图 5-1）。

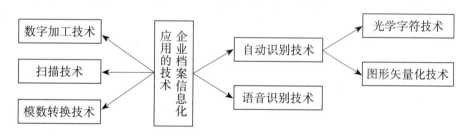

图 5-1　企业档案数字化应用的技术

那么，企业档案数字化的概念是什么？对企业而言，具有哪些作用呢？下面对企业档案数字化的概念、作用等进行简单讲解。

5.1.1　企业档案数字化的概念

档案数字化又叫"数字化转换"，目前，主要有以下两种理解。

从狭义的方面讲，档案数字化是指，利用一定的科学技术手段，将存储在传统载体上的、有实体形态的档案信息，转化为以数字形态存在的、计算机可以识别和处理的档案信息的过程，可转换的传统档案类型包括纸质档案、照片档案、录音档案、录像档案、微缩胶片等（图5-2）。传统企业文档经过数字化转换之后，其数字信息可以以多种媒体格式存在，如文本、图形、图像、视频、音频等。

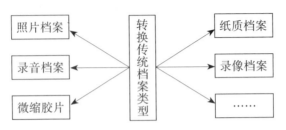

图 5-2　转换传统档案类型

从广义的方面讲，档案数字化是指，利用科学技术将传统档案信息（存在一定载体介质，有实体形态的档案）转化为数字档案信息（以数字形态存在、计算机可以识别的档案），并对数字档案信息进行存储、组织、检索和维护的过程。

从以上两种概念不难看出，狭义的档案数字化是广义的档案数字化的基础和核心，本节将从广义的档案数字化方面进行讲解。

5.1.2　企业档案数字化的应用

随着信息技术的不断发展，数字化的管理模式日渐成熟，开始应用到企业档案管理之中，有效推动了企业的生产、经营、发展。和其他档案管理模式相比，企业档案数字化管理具有无可比拟的优势，是不可或缺的网络管理形式，普遍应用在企业管理之中。

为了让企业档案数字化技术和管理可以在企业中得到更好的应用，首先需要了解其特点和功能。

（1）**企业档案数字化管理的特点**

①便捷的信息资源。

对企业档案进行数字化管理，可以形成便捷的信息资源，通过计算机的硬件、软件和网络服务等设施来识别、查询企业档案信息，十分方便，为企业的生产经营活动提供了必要的信息支撑。

便捷、良好的档案信息资源不仅可以保证企业快速获取相应的信息资源，还可以提升企业对这些信息资源的利用率。

②具有较高的数字化标准。

和其他档案管理模式相比，企业档案数字化管理的数字化程度较高，具体体现在以下方面。

第一，企业档案数字化，不仅需要符合电子档案的相关要求和规定，还要符合国家关于档案数字化的标准和规定，遵守其相关的规章制度，使得企业档案数字化越来越标准。

第二，企业档案数字化管理，对数字化的标准要求很高，这是由数字化管理自身的性质和特点决定的。

③大范围的网络应用。

企业档案数字化需要应用网络技术，即要通过各种类型的网络获取企业档案信息，因此，需要联合网络。在进行企业档案数字化管理时，为保证信息数据的充分性和完整性，可以对网络的应用功能进行优化，使之更加便捷地为企业提供信息，加强档案管理的级别。因此，大范围的网络应用必将是企业档案数字化管理需要具备的特点，这样才能使网络功能得到最大限度应用。

（2）企业档案数字化管理系统的功能

企业的档案数字化管理系统的管理对象是数字化档案，主要对数字档案进行处理和管理存储等工作，具有数字化处理功能和管理存储功能（图 5-3）。

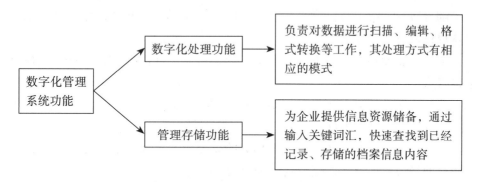

图 5-3　档案数字化管理系统的功能

档案的数字化处理功能可以帮助企业纠正企业文件中存在的错误，使文件的内容正确，企业档案管理要合理使用档案的数字化处理功能。

档案的管理存储功能可以更加便捷地存储企业的文档、数据等资源，企业要充分发挥利用这项功能，为企业提供信息检索平台。

5.1.3　企业档案数字化的作用

企业档案数字化对企业具有十分重要的作用和意义，可以有效提高企业档案的利用率，提升企业档案工作的效率，主要体现在以下几个方面。

（1）是企业满足利用需求的要求

信息化时代，各种数字资源逐渐成为信息的主流，随处可以看见各种数字资源。电子文件成为企业档案管理的主体，必然会向数字信息管理的方向发展。数字档案具有以下优势。

第一，数字档案载体容量大。和传统纸质档案相比，数字档案的容量很大，一个光盘可以容纳上千份企业档案，除此之外，从企业成本考虑，数字档案的管理成本很低，适用于企业的档案管理工作。

第二，数字档案可以实现备份，避免企业档案损坏和丢失。传统的企业档案一旦被破坏，就难以恢复，数字档案却没有这样的担忧，数字档案可以通过备份或恢复等操作来避免档案损伤，降低风险。

第三，数字档案查询过程十分迅速。在查询纸质档案时，往往需要翻阅数十卷档案，才能找到需要的企业档案，其过程十分烦琐。然而，在查询数字档案时，计算机仅仅在数秒之内就可以找到检索或查询的结果，大大提高了工作效率。

随着数字档案的逐渐增多，企业对档案的利用需求也逐渐发生了改变，主要体现在以下几个方面。

第一，企业档案利用者的档案意识开始加强，对企业档案的利用也变得越来越普遍。

第二，企业档案利用者对档案的响应时间有了更高的要求，希望企业档案服务可以做到迅速、准确、及时。

第三，企业档案利用者对获取档案的途径和方式有了更高的要求，希望可以通过网络或其他方式便捷地获取企业档案信息。

在信息时代和数字时代，企业档案利用者对企业档案服务提出了更高的要求，对此，企业档案工作需要做出改变，可以通过现代化的方式为档案利用者及时、快速地提高信息，这离不开档案数字化，这是企业档案工作满足利用者的利用需求的必然趋势和要求。

（2）是提高企业档案利用率的基本手段

对企业而言，档案管理具有辅助提升企业管理效率的作用，提高档案利用服务是其中的重点。进行企业档案数字化工作，可以提高企业档案利用率，具体体现在以下方面。

第一，企业档案数字化工作将传统档案转变为电子档案，可以利用计算机进行检索查询，不仅可以使档案信息检索变得更加方便和快捷，还可以避免人工查询中出现的不完整的问题。

第二，企业档案数字化工作可以转变企业档案的阅读方式，即通过机读方式即时阅读档案原文信息，避免传统企业档案服务方式——通过档案实体多次辗转阅读。采用机读方式还可以节约大量的时间，避免重复劳动，十分灵活、高效。

第三，企业档案数字化可以转变企业档案的获取途径，通过网络环境进行企业档案的传递，实现网上集成检索和利用，企业档案利用者可以通过网络获取档案信息，在网上便捷下载，打破了时间、空间的限制，使获取途径更加便捷，实现企业档案资源的即时利用和共享。

综上所述，传统载体档案只有通过数字化，才能为档案利用者提供便捷、高效的档案服务，发挥出企业档案的最大价值，为企业创造经济效益。

（3）是开发企业档案资源的基础工作

信息化时代，信息资源成为重要的竞争资源，而企业档案是企业原生的信息资源，其信息内容真实、可靠，具有说服力，不可或缺。

企业档案数字化可将传统档案转化为数字档案，只有经过数字化工作，才能利用计算机技术、网络技术等对企业档案信息进行管理和利用，从而对企业档案信息资源进行深度开发。

将传统档案进行数字化处理，有利于企业档案管理模式的转变，即转向以数字信息为中心的档案信息管理模式，这也是档案管理工作发展的必然趋势。

通过档案数字化，可以建设全新的企业档案利用网络体系，使档案资源的开发和利用更加具有准确性，扩大其服务和管理范围，是开发企业档案资源的基础工作。

（4）是建设企业数字档案馆的主要内容

国家档案局发布的《数字档案馆建设指南》中指出，数字档案馆的资源建设内容包括电子文件接收、传统载体档案数字转换、资源加工整理、建立各类资源库等（图 5-4）。

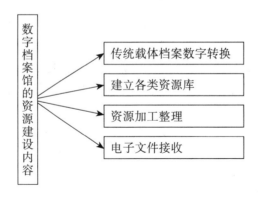

图 5-4　数字档案馆的资源建设内容

从数字档案馆的资源建设内容中可以发现，数字档案馆的基本特征是数字化，档案数字化是数字档案馆建设的重要内容。

5.2　企业档案数字化的要求

企业开展档案数字化工作，并不是盲目地开展，只有满足以下几个要求，才能保证企业档案数字化顺利进行。

5.2.1　制定合理的目标

在进行企业档案数字化工作时，只有制定合理的目标，才能在此基础之上，制订科学的规划，确保企业档案数字化建设方向的正确性。档案数字化的目标是建立高质量的数字化资源，使企业的档案资源可以长久保存、反复便捷使用，档案利用者可以方便获取数字化资源。

实际应用中，很多档案数字化项目由于缺乏科学的论证，并没有进行需求分析，因此其成果常常束之高阁，不能被企业广泛利用，提高其档案信息利用率更是无从谈起。在对企业档案数字化工作进行规划时，可以采取制定合理的目标、提高文件处理流程效率、对档案原件进行保存、对分散保存的档案信息进行汇总等方法（图 5-5）。

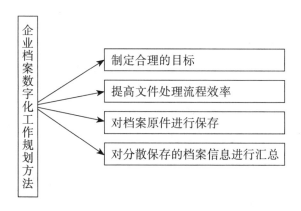

图 5-5　企业档案数字化工作规划的方法

（1）制定合理的目标

档案数字化工作的使用目标是方便企业查询和利用，只有这样，才能大幅度提升企业档案信息的利用率。数字化的信息具有以下优点：快速检索、远程利用、易于更改和复制、可进行异地传输。因此，数字信息可以提高企业档案的利用性，充分发挥出档案信息的价值。

（2）提高文件处理流程效率

随着企业信息化的不断发展，现在大部分企业都实现了网络化，即利用网络进行日常办公。但是，并不是企业所有的职能活动都可以直接生成电子文件的。有的业务环节只能生成纸质的文件，如外来单位的来文、银行票据等，对这些文件，需要利用信息技术将之数字化，这样才能更好地提升业务流程的效率。

（3）对档案原件进行保存

对企业而言，有很多珍贵的历史档案，可以通过对这些档案进行数字化处理，使其信息生命得到延续，继续发挥其重要的作用。随着时间的流逝，档案实体往往很难保持原有的状态，如磁带形式的录音、录像很容易由于种种因素产生失真和噪音，甚至无法使用，这时就可以利用数字化技术处理，对档案原件进行科学保存，保证企业档案原件的完整和传承。

（4）对分散保存的档案信息进行汇总

企业可以通过网络汇聚各种档案信息，将之集合在同一个平台之上，实现企业档案信息的跨库检索，并进行深度开发利用，满足资源整合和共享的需求。

5.2.2　遵守法律法规

档案数字化工作的开展必须遵守相关的法律法规和行业规范，避免企业档案被非法利用，其法规有以下四类。

（1）**有关档案公开和保密的法规**

档案部门在提供数字化档案服务时，并不能任意利用这些数字档案，需要遵守法定的公开义务，同时对企业档案信息进行保密，不得泄露国家机密，其相关的法律法规有《中华人民共和国档案法》《中华人民共和国保守国家秘密法》《中华人民共和国政府信息公开案例》等。这些法律法规对数字档案的公开和保密都有所要求，都属于原则性规定，至于具体的执行，如对企业档案信息公开的范围、时间等，还有待于法律的进一步细化，企业对此负有相应的责任和义务。

（2）**保护企业档案知识产权的法规**

企业的档案是在企业生产经营活动中产生的，属于企业自身的财产，受到著作权法的保护。然而，在进行企业档案数字化过程中，会涉及复制权、网络发布权、信息网络传播权、汇编权等权利，这些会使企业档案的利用和服务引起法律争议，其相关的知识产权保护法规有《中华人民共和国著作权法》《信息网络传播权保护条例》《文献档案资料数字化工作导则》等。这些法规规定了企业档案在进行数字化时，必须遵守的相关规定，如限制了企业档案数字化复制的条件（不利用复制的档案直接或间接获得经济利益），又如规定了企业档案数字化的对象（不受版权争议的档案）等，企业在进行档案数字化时应严格遵守这些法规。

（3）**保护企业档案隐私权的法规**

在进行企业档案数字化工作时，要注意保护个人隐私，个人隐私受到法律的保护，不容侵犯。在保护隐私权方面，我国尚没有出台专门的保护隐私权的法律法规，但从其他的法律法规之中，有些零星的法律条文散布其中，这些法律法规有《中华人民共和国民法典》《中华人民共和国民事诉讼法》《中华人民共和国未成年人保护法》。

企业应高度重视在档案数字化建设中的隐私权的保护，充分尊重员工的个人隐私，保护其隐私不被泄露。同时，企业在对企业档案信息进行开发利用时，需要遵守网络服务的行为规范，如《电子出版物出版管理规定》《互联网出版管理暂行规定》等相关规定。

5.2.3　遵守国家和行业相关标准

企业在进行档案数字化工作时，应该遵守国家和行业的相关标准，这样才能使企业档案数字化工作拥有统一的标准，在对接时变得更加方便、容易。我国颁布实施的国家标准有《文献档案资料数字化工作导则》，为档案工作数字化提供了很好的指导作用，具有代表性的标准有《电子成像文件图像压缩方法选择指南》《电子成像词汇》等（图 5-6）。

企业档案数字化的相关标准

国家标准
- GB/Z 19736—2005/ISO/TS 12033:2001《电子成像文件图像压缩方法选择指南》
- GB/T 20225—2006《电子成像词汇》
- GB/T 20530—2006《文献档案资料数字化工作导则》

行业标准
- DA/T 3I《纸质档案数字化技术规范》
- DA/T 43—2009《缩微胶片档案数字化技术规范》

图 5-6　企业档案数字化的相关标准

除了国家和行业的相关标准之外，有些地区也制定了本地区的档案数字化标准，如北京、天津、四川等地区。同时，在使用企业档案数字化标准时，要注意结合其他国家和地区的有益经验。

5.2.4　加强部门之间的合作

在进行企业档案数字化建设的过程中，离不开企业各个部门的相互协作，如需要档案部门和其他部门，如业务部门、技术部门加强合作，收集相应的电子档案，共享其成果，具体表现在以下方面。

第一，各地档案馆共享档案数字化成果。在传统的企业档案管理中，由于地域、时间等因素的影响，各地方档案馆之间会出现馆藏重复的现象，而进行企业档案数字化工作之后，可以通过网络实现资源共享，这就避免了对相同档案的重复加工和转换，可实现"一家转换，多家共享"，有利于档案事业的进一步发展，提高其整体效益。

第二，实现企业内各部门之间的资源共享。企业档案部门在收集档案信息时，往往需要去各个部门进行沟通交流，进行企业档案数字化工作之后，可以通过网络与各个部门实现共享，节约了时间和精力。

第三，联合企业部门攻克档案数字化难题。企业档案部门可以集中智慧和经验与技术部门合作，就档案数字化工作中出现的难题，集思广益，进行联合攻关。

5.3 企业档案数字化的内容

企业档案数字化工作的内容有很多，具体包括档案目录信息的规范著录、档案实体信息扫描制作、缩微图像和音视频档案信息转换、各类信息存储、建立档案信息数据库等内容（图 5-7）。

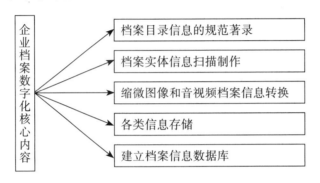

图 5-10 企业档案数字化核心内容

5.3.1 档案目录数据著录

在对企业档案信息进行数字化之前，需要做好准备工作，即按照档案相应的著录规则或元数据标准进行采集，最后形成档案目录数据库。

档案目录数据十分重要，对档案管理者或利用者而言，是其使用档案的第一对象，是进行档案检索和利用的基础。如果档案目录数据足够准确、完整，可以减少使用者的很多麻烦，因此需要提高档案目录数据的质量。

为使档案目录数据可以快速进行生成，可以利用档案数据著录系统，利用该系统的自动化功能来减少档案工作人员的工作量，同时提高档案目录数据的质量，实现大规模、高质量的档案目录数据的生产，其工作流程包括档案目录数据准备、审核、录入、校对、备份和管理（图 5-11）。

图 5-8 档案数据著录系统工作流程

档案目录数据准备：依据相关规范的要求，对实体档案的目录信息进行规范，如规范档号、著录格式、字段长度和内容要求等，其目的是确保档案目录信息的准确性和有效性。

档案目录数据审核：对前一阶段的工作（档案目录数据准备）进行检查、复核。

档案目录数据录入：将经过规范整合和审查的档案目录数据录入到计算机之中。

档案目录数据校对：是指逐条检查录入计算机的档案目录数据是否准确和规范，进行目录数据校对。档案目录数据备份和管理：将录入到计算机的档案目录数据进行备份，避免数据丢失。

5.3.2　纸质档案数据扫描

传统的企业档案以纸质档案为主体，因此其纸质档案是企业数字化建设的主要对象，纸质档案数字化的内容有档案信息的扫描制作、图像处理、存储备份等，为了更加方便地对纸质档案进行数字化处理，可以采用纸质档案扫描管理系统，进而实现对纸质档案的大批量处理和存储，同时，做好衔接档案目录数据库和档案内容数据库的工作。

（1）纸质档案扫描管理系统过程

扫描技术是目前常用、最普遍的对纸质档案进行数字化的技术，需要通过纸质档案扫描管理系统控制，其扫描过程如下：

第一，选择合适的扫描设备。例如，纸质状况较差的企业档案，可以利用

信息化时代企业档案管理创新性研究

平板扫描仪进行逐页扫描，以保证内容的准确性和完整性；纸质状况良好的企业档案，可以利用高速扫描设备进行扫描，可以提高扫描的速度和效率。

第二，确立合适的扫描技术指标。在对纸质档案进行扫描时，需要控制其扫描速度和准确率等指标，如通过设置分辨率来控制扫描准确度。

（2）纸质档案扫描的工作流程

纸质档案扫描的工作流程需要经过档案出库、整理、著录、扫描，图像处理和质检，数据挂接、验收、存储和备份八个步骤（图5-9）。

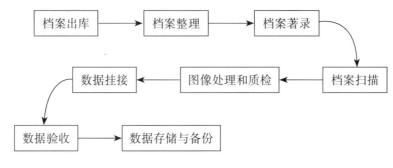

图5-9 纸质档案扫描的工作流程

①档案出库：纸质档案从库房提取出库，由交、接方共同清点档案的数量，保证档案的准确性和完整性，确认后在交接单上签字。

②档案整理：纸质档案进行数字化扫描之前的关键，档案整理人员确认档案的完整性之后，对该纸质档案进行筛选，选出需要扫描档案，并单独存放。然后，档案整理人员按照数字化处理的要求，分配工作任务。

③档案著录：建立纸质档案的目录数据库，对纸质档案进行著录工作。

④档案扫描：纸质档案数字化的中心环节，需要经过选择合适的扫描仪，明确文件的存储位置、命名规则，选择合适的色彩模式和扫描分辨率，选择文件的存储格式等过程（图5-10）。

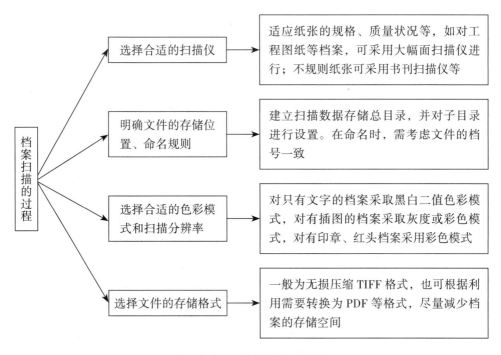

图 5-10　档案扫描的过程

⑤图像处理和质检：很多企业档案的内容中会包含图像信息，需要对扫描后的图像进行进一步处理，否则，其图像会非常不清晰，其工作方法有：纠偏、裁边、局部淡化、局部加粗、去污去噪等。通过图像处理技术，可以使图像更加清晰、准确，和档案原件更加接近，做到图像居中、不倾斜，符合数字档案的图像质量标准。同时，在完成图像处理工作之后，其档案数字化质检人员需要对这些数字化图像进行检验，并评定等级。质量不达标的图像需要重新扫描，经过质检的图像应符合相关的标准规范。

⑥数据挂接：通过系统将档案目录信息和扫描图像文件进行挂接，建立起对应的关联关系，最终实现批量挂接。同时，档案工作人员需要对挂接结构进行检查，检查其是否一一对应，有无挂接失败、图像文件错误等情况，如有错误要及时解决。

⑦数据验收：当纸质档案经过以上六个步骤之后，其数字化加工基本完成，档案数字化质检人员需要对数字化成果进行验收，可以采用计算机自动检验并结合人工检验的方式，这样可以有效提高检验合格率。

⑧数据存储与备份：当经过数据验收阶段之后，需要将数字化的数据进行

存储和备份，既可以采用在线存储的方式，也可以采用离线存储的方式，如利用光盘、磁盘进行离线存储。

5.3.3 照片档案数据扫描

照片档案是企业档案中常见的形式之一，用于记载珍贵的历史画面，具有十分重要的作用，利用数字化技术将照片档案进行转换，不仅可以更加方便地进行查询，还可以保护档案原件。同时，将照片档案以数字图像的形式呈现，可以为企业提供丰富的档案信息内容和形式，可以为各级档案部门开展档案宣传、档案展览等活动提供重要素材。

从整体来看，照片档案的扫描流程与纸质档案类似，其流程分为照片整理，图像采集、处理、存储和命名、质检，目录数据录入或导入，数据挂接、验收、存储与备份等（图5-11），这里着重介绍数字化前的处理、目录建库、图像存储和处理等工作。数字图像存在分级管理的情况，可以分为档案典藏级、复制加工级、浏览利用级等，不同的存储级别，其数字图像的保存要求和用途有所差别。

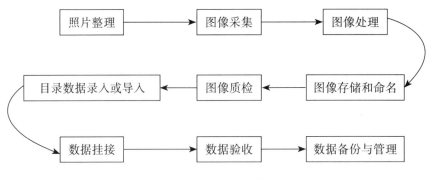

图 5-11　照片档案扫描流程

（1）**数字化前处理**

在进行数字化之前，对照片档案进行处理很有必要，需要对其进行检查和整体编序，保证照片档案原件的完整性，有时还需要用技术进行修复和清洁。

由于胶片、纸质材料的照片档案对温度和湿度有严格的要求，因此需要对数字化工作场所的环境进行调整，在检查照片档案的完整性时，除了对照片内容的检查，还要对照片是否破损、划伤、粉剂脱落、变形、变色、生霉等进行检查。

（2）照片档案目录建库

和纸质档案的目录著录不同，照片档案目录数据库结构有更加严格的要求，对"数据字段名""字段类型""字段长度"做出明确的规定，具体要求如下：

第一，在著录的数据字段中需要记录 11 项必选著录，包括题名、摄影者、时间、备注、全宗号、保管期限代码、照片张号、底片张号、册号、责任者、附注等。

第二，照片号和底片号并不是单独的字段，需要和全宗号、保管期限代码联合，照片号的格式为"全宗号——保管期限代码——册号——照片张号"，

底片号的格式为"全宗号——保管期限代码——册号——照片张号"。

第三，在对照片档案进行著录时，需要填写其特有的著录项，如摄影者、图片显示软件和版本等。

（3）图像存储和处理

将照片档案利用数字化技术处理之后，会得到数字图像，其存储格式一般为 JPEG、TIFF（G4）格式。在图像质量上，不仅要保证清晰可读，还要还原照片的细节层次，色彩效果也要尽量接近档案原件，因此最好不要压缩图片。

在对数字图像进行处理时，要求对扫描形成的图像不做调整，确实有必要调整的图形可在修正和调整方面做简单编辑，如亮度调整、去黑边，对原有的信息内容不做删除或修改，保留图像原貌。

5.3.4　录音录像档案数据扫描

录音录像档案是企业常见的档案类型之一，录音的载体有唱片、磁带、钢丝带等，录像的载体有电影胶片、录像带等。企业可以利用数字技术将录音录像档案进行转换，从而形成数字信息，可以说这是将模拟信息转换成数字信息化的过程。

和纸质档案、照片档案相比，录音录像档案由于载体的特殊性，更加容易出现衰变和老化的现象，同时其修复工作更加困难，有数据表明，存放 5 年以上的磁带老化现象严重，不适宜广播级播放，这些因素使对录音录像档案需要加快数字化建设。

要想将录音录像中的信息转换为计算机可以识别处理的数字信息，其前提是配置相应的硬件设备和软件设备，如录音机、录像机、计算机、音视频采集软件等。录音录像档案进行数字化处理的流程分为录音录像档案整理、视频音

频信号采集、文件存储和命名、数据质检、视频音频文件压缩转换、数据建库和转接、数据备份与管理等（图 5-12）。

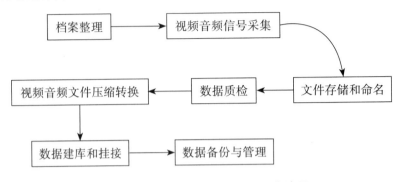

图 5-15　录音录像档案数字化工作流程

　　档案整理：对录音录像档案进行清洁处理，并对其质量进行鉴定，鉴定是否具有保存、数据化价值。

　　视频音频信号采集：是指通过计算机挂接录音录像设备，从而进行音频、视频等数字信号的采集工作。

　　文件存储和命名：用规范、标准的格式对采集后的视频音频文件进行存储、命名。

　　数据质检：当采集完视频音频数字信号之后，通常需要对数据进行复核，即和原信号进行比较，确认采集后的音频视频信号是否发生了改变，同时修正图像偏差、声音延迟等问题。

　　视频音频文件压缩转换：当对采集后的视频音频数字信号进行数据质检工作，确保其正确性之后，接下来就需要进行压缩转换工作了。一般而言，AVI（音频视频交错）格式占用的存储容量较大，可以转换为 MPEG（动态图像专家组）、RM 或 RMVB 形式，而 MAV 格式则可以转换为 MP3 格式。

　　数据建库和挂接：当视频音频文件压缩转换工作完成之后，需要进行目录建库工作，即建立规范、标准的档案目录数据库，并将目录数据和视频音频文件之间进行挂接，使之一一对应。

　　数据备份与管理：对验收合格的文件进行备份和管理工作。

5.3.5　缩微档案数据扫描

　　缩微档案是指将原件的图像缩小并记录在感光材料中的档案，在进行这种数字化处理时应遵循高效性和可用性原则（图 5-13）。

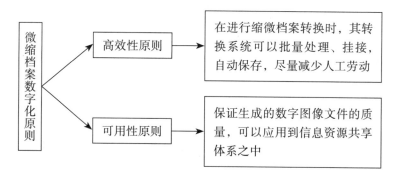

图 5-13　微缩档案数字化原则

和其他类型的档案不同，建立缩微档案需要专业的缩微胶片扫描仪和影像服务器，对计算机等设备也有所要求。缩微档案数字化系统的核心是智能缩微胶片扫描仪和其相配套的影像管理软件，其扫描的工作流程如下：

第一，进行初始化设置，包括光点、缩率、扫描区域、存储位置等基本项目。

第二，缩微胶片扫描仪通过识别缩微胶片上的观点进行批量定位扫描。

第三，将扫描完成的文件放到相配套的影像管理软件中进行处理，如自动影像偏斜校正、放大和缩小、消除斑点、画质调整等。

其中，在进行扫描工作时，需要注意分辨率的设置，应可以满足高质量影像的要求。同时，扫描仪应该具备胶片索引功能，可以实现小光点、中光点和大光点三级索引，这样才能在高速扫描中，快速实现准确定位。

5.4　企业档案数字化的工作流程

企业档案数字化的工作流程分为管理流程和业务流程两方面。管理流程是指对档案数字化工作进行管理，通过指挥、计划、组织、控制等手段对档案数字化工作进行部署，确保其顺利进行。业务流程是指对档案信息资源进行管理，通过模数信号转换、数据库建设、应用软件等手段对档案信息资源进行管理，最终获得有序、可用的数字化信息。

管理流程与业务流程相辅相成，前者是后者的保障，后者是档案数字化流程的主体。

5.4.1　档案数字化的业务流程

档案数字化业务流程按照工作内容划分，可以分为应用系统开发流程和数字化资源建设流程（图 5-14），二者并行开展，相辅相成，缺一不可。

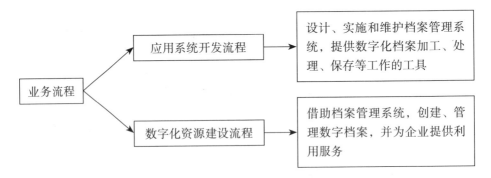

图 5-14　业务流程的内容

业务流程的工作分以下几个步骤。

（1）预处理工作

档案数字化资源建设的第一步就是预处理，主要包括鉴选、清点、登记、整理、修复等工作。

首先，企业档案数字化工作并不是盲目地对所有企业档案进行数字化处理，而是需要按照一定原则和方法鉴定选择企业档案，对符合要求的实体档案进行数字化转换。

其次，对鉴选过后的实体档案进行清点、登记和整理，为后续的档案数字化转换做好准备工作。具体内容包括档案的规格、数量的清点，对实体档案的目录进行规范、补全、修正，对档案实体进行分类、修复等工作。

其中，录音录像档案容易存在磁粉脱落、霉变和粘连的现象，在进行原录信号的提取时，很容易遇到不能正常播放的情况，因此需要对其进行修复和坚固处理，进行录音录像档案的修复工作需要格外注意。

（2）数字化加工／转换工作

实体档案信息资源可以通模数转换技术和设备转变为虚拟的数字信息资源，其载体类型不同，使用的模数转换技术和设备也有所不同（图 5-15）。

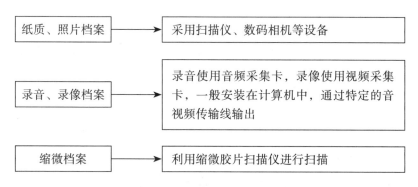

图 5-15 企业档案数字化使用的设备类型

在企业档案数字化转换阶段，最关键的是数字文件技术参数的选择，只有满足以下要求，才能顺利完成数字化转换。

第一，保证原始信息的真实性，这是基础要求。在进行数字化转换时，转换后的数字信息应清晰、准确地展现档案原件的面貌，不能失真。

第二，方便企业便捷地利用数字信息。转换后的数字信息必须便于传输和浏览，企业可以很方便地利用转换后的数字信息。

第三，对档案原件进行保护。在进行数字化转换的过程中，需要保证档案原件的安全性，尤其是濒危档案原件，要注意使其不受损伤。

从某种角度来看，这些要求有时并不能完全满足，或者需要用其他条件来弥补。例如，要想数字失真程度越低，其计算机文件容量就越大，这会给文件存储带来一定困难。又如，失真度越低的数字信息文件，容量越大，其传输速度就会受到限制。因此，企业要进行统筹规划，选择合适的技术参数，准确把握数字信息资源的需求和利用，适度进行参数选择。

（3）信息处理工作

当完成数字化转换工作之后，还需要对数字化得到的图像信息进行进一步处理，从而满足企业档案的利用需求。信息处理的具体工作有对原始档案进行核对、压缩、去边、去噪、去干扰等，还包括利用光学符号识别技术对图形中的文字进行识别，通过语音技术对录音录像档案中的声音进行文字记录等。当然，企业也可以对数字档案嵌入水印，来保护数字档案的知识产权。

（4）信息组织和存储工作

当得到完整、准确的数字信息资源之后，需要对这些数字档案信息进行组织，以方便后续利用者检索和利用这些数字档案信息。信息组织工作主要内容是建立机读目录和索引，创建目录、全文数据库，并将数字档案信息和目录、索引等信息进行挂接。

机读目录的建立关系到数字档案信息的查检和维护，具有十分重要的作用，因此需要对著录进行标准化规定，如对文件名、存储位置和格式等设置的要求。其中，信息存储是指对数字档案信息的存储介质、方式和架构进行选择，其存储要求和方法基本和电子文件的存储和方法相同，可以参照相关的法律法规进行存储。

（5）信息服务和维护工作

企业数字档案便于传输和利用，可以为档案利用者提供及时、满意的档案服务，档案利用者可以通过网络获取需要的档案信息，十分便捷。企业在提供信息服务时，要注意公开方式。例如，企业的档案具有隐私性，不适宜通过互联网站发布，应通过内部网络与企业内部员工共享。数字化技术和手段提高了企业档案的信息服务能力，并加快了企业档案工作的响应速度，对企业档案服务具有深远的意义。

同时，对企业档案信息还需要不断加强维护，始终保持企业档案信息的可读性和可用性，这样才能推动企业档案事业不断发展，为企业创造效益。

5.4.2 档案数字化的管理流程

在进行企业档案数字化工作时，需要按照一定步骤进行，其档案数字化的管理流程有以下几个步骤。

（1）开展档案数字化工作的需求调研

无论做什么事情，都需要提前做好调研。同样，在开展档案数字化之前，需要对其进行调研，调研内容如下：

第一，调查档案馆的企业档案的数量和质量，并了解和掌握现有的管理和服务状况。

第二，对国内外同类档案机构进行调研，总结其经验教训，并分析档案数字化工作的效益。

第三，对档案数字化工作进行可行性分析，明确其工作目标，并制定相应的制度、预估需要的资源（人员、资金、时间等）。

第四，对档案数字化工作进行分析总结并提出相关的建议，然后对上述工作进行总结并形成调研报告，也可以聘请第三方机构进行调研。

（2）制订档案数字化工作计划

在调研报告的基础上，制订档案数字化计划。首先，需要明确档案数字化工作的目标、内容、人员和职责分工。其次，对运用的主要技术指标和方法、安全管理措施、经费预算等做出规划。

制订档案数字化工作计划，不仅可以科学、合理地安排各种资源，掌握工作质量和工作进度，还可以保证档案数字化合法、标准，获得较高的投入产出比。

（3）明确企业档案数字化工作方式

在组建企业档案数字化工作队伍时，企业可以选择多种工作方式，不同的工作方式各有优点，其效果也不相同，具体包括自主生产、外包生产、请进加工和外出加工几种（图 5-16）。

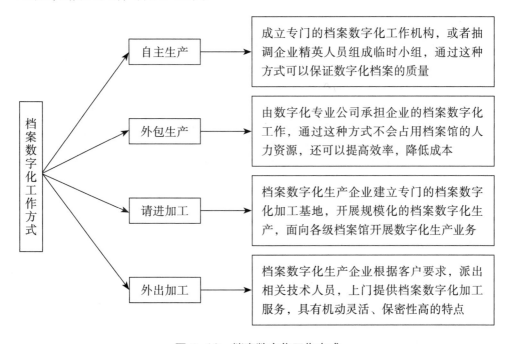

图 5-16 档案数字化工作方式

另外，根据是否利用档案原件，档案数字化工作方式可以分为直接加工和间接加工两种。前者是指利用数字化技术对档案原件直接开展数字化工作，如纸质档案和照片档案数字化处理，在该过程中的数据转换需要直接利用档案原件，属于直接加工。后者是指对非档案原件进行数字化处理，主要包括微缩档案的数据转换，如可以利用拷贝片进行转换，通过微缩胶片扫描仪将其转换为电子图像数据，不会对档案原件产生损伤，属于间接加工。

企业在明确档案数字化的工作方式之后，需要根据工作方式的不同配备不

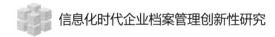

同的条件和资源，包括场所、资金和时间等。如果采用自主加工或外出加工的方式，还应制定相关的档案数字化规章制度，对相关人员进行培训，使企业档案数字化工作更加规范。

（4）监控和评估档案数字化工作

在开展企业档案数字化工作的业务流程中，需要实时进行监督和检查，保证业务流程顺利进行。同时，企业还应对企业档案数字化的成果进行评估，评估内容包括数字档案资源的利用率、保存情况、易用性等方面。评估结果可以为档案数字化工作的改进提供依据，也是衡量企业档案数字化工作的标准。

第 6 章　基于信息化的企业档案业务创新

随着信息化时代的到来，创新成为时代的主旋律，成为各行各业的追求目标。企业要想在激烈的竞争中获得更好的发展，就必须具有创新意识，企业档案管理部门也是如此。

企业档案管理部门需要不断进行创新，以适应信息化时代的要求，要建立和完善新的管理系统，树立新的档案管理观念。本章就企业档案管理的业务创新进行介绍，对源头档案、项目档案、文化档案管理方面的创新进行讲解。

6.1　源头档案管理创新

企业档案的收集，需要从源头做起。那么，企业该如何收集、管理源头档案？可以运用最新的档案管理理念，创新源头档案收集方式，创新档案制度建设，并对其考核制度进行强化，做好项目结项的档案收集和整理工作。本节以工程项目档案为例，介绍源头档案的管理创新工作。

6.1.1　创新源头档案管理观念

"九层之台，起于垒土。"这句话说明基础的重要性，而对企业档案管理工作来说，其基础是企业档案的收集，因此可以从企业档案的源头开始创新，更新源头档案管理观念，具体可以从以下几个方面开始着手。

首先，企业档案部门需要和企业各个部门保持紧密的联系，尤其是项目实施部门，这样才能随时把握企业的生产经营情况和项目进展情况，尽可能较为全面地收集档案材料。

其次，企业档案部门需要和企业其他项目相关部门或其他企业经常联系，不断沟通，从多个角度了解企业的运行状况，掌握企业各项目的具体进展情况和相关动态。

最后，企业档案部门需要对企业各个项目进行全方位监管，利用科学的前端控制系统的理论和手段对企业各个项目进行监督，保证相关的企业各个项目档案全部纳入企业档案管理系统之中。

所谓前端控制系统理论和手段，是指在电子文件从形成到归档的整个过程中，根据文件的生命周期理论，遵循全程控制原则，对电子文件进行统一规划，将预先设定的监控功能和档案管理功能嵌入各个业务系统之中，对文件和档案工作的业务流程进行重组，从而有效地对文件的形成和维护进行管理，实现电子文件的超前控制和全过程管理。这有助于企业档案在管理系统中有条理地进行排列，可以在企业进行查询时，方便、快捷、高效地为企业提供档案服务，提高企业的工作效率，并实现企业进一步发展。

6.1.2　创新源头档案收集方式

企业档案收集工作看似简单、杂乱，其实有迹可循。需要企业档案部门按照档案形成的规律，将分散在各个地方的材料集中、收集起来，最终形成企业档案。对企业档案来说，档案收集是企业档案建立的起点，没有文件收集，档案管理就无从谈起。创新源头档案收集方式，可以从以下方面开始着手。

第一，档案收集观念社会化。随着时代的发展，企业档案在企业生产经营中的地位越来越重要，企业档案的收集，不仅仅是企业档案部门的事情，还涉及各个业务部门的人员，只有越来越多的人有意识收集企业档案，才能收集到全面、高质量的企业档案，因此需要全体企业员工转变档案收集观念。

第二，档案收集工作制度化。传统的档案收集工作，仅仅是由企业档案工作人员负责进行，其效率低下，且职责不明确。随着国家对档案工作的法律法规的颁布，企业应该明确档案工作人员的职责，制定具体的规章制度，结合工作岗位明确其收集范围，使各个部门的工作人员掌握档案资料的收集方式和方法，配合企业档案部门的档案收集工作。同时，制定相应的奖罚制度、行为规范，从制度上，为企业档案收集工作提供保障。

第三，档案收集方式网络化。随着信息时代的到来，企业档案管理网络逐渐形成。企业档案工作人员可以通过网络便捷地收集到各种类型的档案资料，从而做到"眼观六路，耳听八方"，更好地收集源头档案。

第四，档案收集行为主动化。档案工作人员不能只是坐在办公室里"闭门造车"，还需要走出档案室，主动对外进行联系，扩大企业档案收集范围，和企业各个部门进行沟通交流，主动收集应该归档的企业档案，及时、完整地收集企业档案材料，发挥出企业档案的真正价值。

6.1.3　创新源头档案管理制度

企业要想获得长久的发展，就需要有稳定的结构，这离不开规范的制度和科学的管理体制。同样，企业档案管理要想获得长久发展，就需要制定科学、规范、标准的制度规范，通过完善已有的规章制度，对企业源头档案的管理制度进行创新，建立具有针对性的源头档案管理制度。

企业在进行各种职能活动时，会产生大量的档案，为了加强对这些源头档案的管理，需要制定各种规范的规章制度。以工程项目档案为例，企业在工程实施之前，为了做好工程项目档案的收集登记、归档条件、审核校对等工作，需要制定相应的档案管理制度和实施准则，将工程部的项目档案纳入项目负责人责任制之中，加强对企业工程项目档案的管理，这有助于企业档案部门在分散凌乱的源头档案中收集工程项目档案，使其进行统一集中管理，实现"三纳入""四参加"管理，使企业工程项目档案管理及其工作程序更具规范性。

何谓"三纳入""四参加"管理？所谓"三纳入"是指，将企业档案文件的形成、积累、整理、归档工作纳入企业生产经营计划、领导议事日程和企业职工的经济责任制、岗位责任制中。"四参加"是指，企业档案管理工作人员需要参加产品定型会、科研课题鉴定会、设备开箱验收会、基建工程竣工验收会。

6.1.4　创新源头档案考核检查制度

现阶段，大多数企业并不重视企业档案管理工作，企业档案管理部门的人员配置相对不足，不能为企业发展发挥出企业档案相应的价值，无法做出更大的贡献。但实际上，企业档案工作人员有极其重要的作用。例如，在企业文件形成后，该文件所在部门职员并不知道是否应该将其纳入企业档案的范围，这时就需要企业档案人员进行指导。

（1）建立源头档案管理制度的方法

在对源头档案管理时，需要确保有专业的档案人员参与企业工程项目的活动，并对项目档案管理工作进行监督和指导，建立相应的源头档案考核检查制度，可以从以下方面进行。

第一，确保档案工作人员到达工程项目的现场，确立相应的档案工作现场驻点制度，企业档案工作人员可以对项目档案进行监督和指导，使收集、整理过程流畅。

第二，保证档案工作人员参加项目部的重大会议和小型的项目推进例会，以保证档案工作人员可以掌握项目的进度和具体情况。

第三，和项目经理部、相关的部门建立工程项目监督组，对工程项目进行定期或不定期考核和检查。

第四，建立源头档案检查考核制度，对发现的档案管理问题，明确负责人的责任，并发出整改通告，确保工程项目可以高质量、高效率地结项。

（2）建立档案考核检查制度的方法

通过建立档案考核检查制度，可以在实际工作中，有效地推动各工程项目档案的开展，这要求各项目领导高度重视制度的执行力度，为了贯彻落实企业档案考核检查制度，可以遵循以下方法。

第一，在出台考核检查制度之前，和相关的工作人员进行沟通协商。考核检查制度的建立。其考核对象是企业员工，因此在建立制度之前，需要广泛征集与工程项目相关人员的建议和意见，在了解相关人员需求的基础上，制定考核检查制度，可以使检查考核具有实际操作性，减少执行的阻力。同时，征集建议和意见的过程，还可以起到宣传考核检查制度的作用，营造良好的执行氛围。

第二，在企业国家级工程项目开展实施之前，企业总部应和工程项目负责人围绕项目档案考核检查制度的问题召开专门会议，强调档案考核检查制度的重要性，使该工程项目负责人高度重视档案考核检查制度，这有利于各项目经理思想统一，从而实现档案考核检查制度的顺利进行，并推动贯彻该制度的执行。

第三，在项目内部，各项目经理应加强对档案考核检查制度的监督和领导，将档案考核检查制度下发到下级单位，让所有与项目相关的工作人员时刻保持档案考核检查的思想意识，在工作中主动收集档案材料，自觉接受档案工作人员的指导，推动工程项目档案的收集和考核工作。

6.1.5　创新源头档案归档方式

当企业档案部门完成收集源头档案工作之后，需要对这些源头档案进行验收、归档，这关系到企业档案的最终质量。归档工作并不是一件简单的事情，需要企业档案工作人员付出时间和精力，还要遵循一定的归档程序（图6-1）。

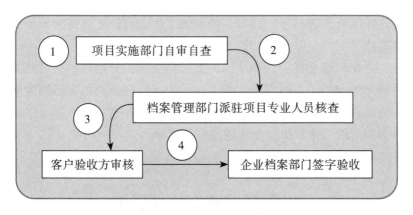

图 6-1　企业档案归档的程序

　　为方便源头档案归档工作的顺利进行，需要创新归档方式，可以从以下几个方面进行。

　　第一，为保证企业档案的归档质量，可以适当延迟归档时间，并对项目工程进行监督审查。在企业开展重大项目的建设过程中，由于工程建设的周期较长，很多企业档案材料无法及时归档，因此需要采取必要的延迟履行金手段，建立相应的考核审查制度，从程序和制度方面着手，确保企业工程项目档案的完整性，使归档工作可以顺利进行，这些规章制度有很多，从不同的方面规定了企业工程项目档案的验收和归档要求，常见的有项目期进度考核审查制度、结项档案履约保证金结算考察审核制度、档案项目结项验收延迟履行金考核制度、工程项目进展及工程项目经理部定期考察审核制度等几种制度（图 6-2）。

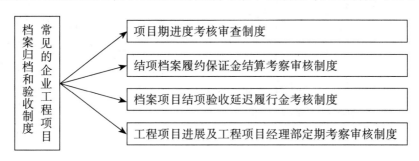

图 6-2　常见的企业工程项目档案归档和验收制度

　　第二，对不合格的项目档案进行管理和指导。如果企业档案工作人员在验收项目档案时，发现项目档案有遗漏、欠缺，企业档案部门可以不签字，不进行盖章验收。如果最终验收的结果是合格的，但在项目结项时间上不配合，可以按照规定扣除延迟履行金。同时，要对该工程项目档案进行指导，确保企业档案的完整性。

第三，强化信息化建设。企业的档案归档工作十分烦琐，很多档案文件必须经过整理才能归档，其归档率一直不高。为了提高企业档案归档效率，可以加强企业的信息化建设，将资料以数字档案的方式存储归档，这可以极大地方便企业档案部门的工作，提高企业档案归档效率。

6.2 项目档案管理创新

企业承接的工程项目或其他类型的项目，往往涉及很多方面，影响范围很广，和外界关联性较高。因此，对企业而言，工程项目的建设具有重要的战略意义，可以对企业产生深远的影响。

那么，企业该如何对项目档案进行管理？本节介绍了项目档案管理存在的问题，并阐述了项目档案管理创新的方法。

6.2.1 创新项目档案管理机制

企业工程项目档案中包含着大量的文件材料，从项目立项到项目验收，其中会经历诸多环节，如设计、施工、监理等，在这些环节运行的过程中，会形成各类档案。这些档案不仅是整个工程项目的真实记录，还是项目运行、维护和管理的重要依据。

和其他类型的文件不同，项目文件具备全面而真实、准确而完整的特点，项目档案的建立必须符合相应的法律法规。无论是项目设计还是项目验收阶段，其产生的文件文档资料，必须严格按照相关的规定进行收集、整理、归档、立卷等工作，对失职的单位和人员要依法严肃处理。

（1）建立企业项目档案收集、归档制度

第一，根据相关的规定，明确企业项目档案负责人，由其对在项目过程中产生的文件材料负责。在企业和其他单位签订合同时，需要在合同中提出在档案管理方面的要求，包括提交的档案的内容、数量、要求和违约责任等，从法律的角度，保证项目档案的顺利收集和归档。

第二，对那些涉及引进技术和装备的项目，档案工作人员需要进行开箱验收，严格按照相关的程序和步骤进行，即档案材料需要首先向档案部门移交，如果确定需要使用，可以通过办理借阅方式的使用，通过这样的方式，可以确保项目档案材料的准确性和完整性，不易出现差错。

第三，如果企业承接或开展的项目涉及建设工程项目，那么，在进行档案收集工作时，要格外注意收集工程质量检查、工程变更等方面的材料，按照国家规定对竣工图纸进行编制。当工程项目竣工时，其工地现场的档案专员需要按照要求做好档案材料分类工作，及时向档案部门移交，进行归档和立卷工作。

（2）对项目涉及单位的制度要求

在企业项目档案中，国家级特大型建设和改造工程项目的档案是其中的重点，往往涉及很多法律法规，企业档案部门需要对这类项目档案重点管理和监督。在项目建设过程中，企业档案管理部门可以要求项目单位及时填报《企业工程项目档案资料管理情况登记表》，通过这种方式不仅可以督促项目承办单位做好档案工作，还可以及时掌握项目进度和具体的档案管理情况，做好监督和服务工作。

同时，企业档案部门及其相应的项目主管部门，要深入施工现场，在第一现场获得最原始、最真实的档案资料，为工程项目档案的建立加强指导，提供相应的档案服务。

6.2.2 创新项目档案管理系统

随着社会经济的发展，科技技术的进步，企业档案管理逐渐形成新的管理观念，并出现了企业档案管理系统。企业应该积极引入和建设企业档案管理系统，利用现代化的科技手段，确保项目文件的全面性和完整性，可以从以下几个方面着手。

第一，对各个项目的负责人进行监督和管理，要求他们按时对各自负责的项目产生的文件进行全面归档，其归档范围涵盖了整个项目过程中产生的文件资料，如各种相关合同、会议纪要、验收证书、施工决算单等。

第二，依托现代信息技术，建设和发展新的项目档案管理系统，对企业的项目档案进行专门处理，为企业现代化建设提供项目档案服务。例如，大型的建筑企业，会涉及很多项目的承建，涉及的行业也很多，包括市政、机电设备等，其文件材料更是成千上万份，为方便这些文件的管理，建设档案管理系统势在必行。

第三，对企业档案工作人员进行有效管理。对企业来说，企业档案工作人员是管理企业档案的主体，有效调动企业档案工作人员的积极性，使其主动发挥自己的价值，是企业不可避免的问题。因此，企业需要建立相关的奖惩制度，规范企业档案工作人员的行为。

6.2.3　创新项目档案管理规范

企业档案管理部门需要对项目档案进行收集和归档，同样，负责人对项目档案的形成和归档需要认真审查，对项目档案文件的内容进行审查。

首先，项目负责人需要熟悉项目文件的归档范围，能清楚区分文件档案和技术档案。项目初期的文件应包含在项目档案之中，如果存在文件副本，那么文件副本也应包含在内，同时应注明文件原件的位置。

其次，在进行档案立卷工作时，需要对档案文件的内容进行研读，区分文件的年份和类型，对属于同一类型的项目文件进行整合和集中处理，并尽量将文件号设置为项目的标题，从文件号中反映项目的基本内容。

最后，企业在对文件进行管理时，需要建立文件的管理规范，提升文件管理质量，可以采取的措施有规范材料的收集和归档、规范档案文件的管理工作等（图6-3）。

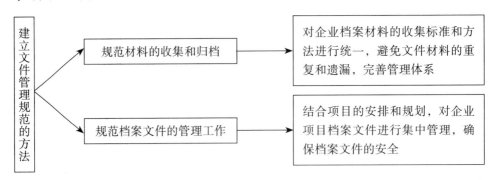

图6-3　建立文件管理规范的方法

除此之外，进行企业档案信息化建设也有助于规范企业项目档案管理，应加快其建设的步伐。其中，档案管理系统软件是企业对档案进行信息化的必备工具，通过档案管理系统，可以对企业项目档案信息进行系统、规范的管理。

6.2.4　建立项目档案组织体系

要想顺利开展企业项目档案的管理工作，就必须建立相应的工作组织体系，内容有组织领导、人员配置、机构设置、工作网络等，可以从建立专业的专职档案队伍、保持企业档案人员相对稳定、实施各级领导档案责任制、提高企业档案人员专业素质、建立管理制度和业务规范制度体系等方面进行创新（图 6-4）。

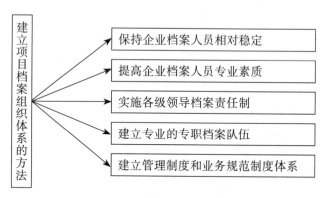

图 6-4　建立项目档案组织体系的方法

同时，需要对管理设备进行及时更新。随着现代信息技术的发展，各种硬件设备如雨后春笋般不断涌现，各自都有自己的优势和特点。企业应该及时购进和应用相应的硬件设施，构建企业档案管理系统，使得档案人员可以录入或修改相关档案文件，进而实现项目档案管理工作效率的提升。

可以说，企业项目档案是企业的关键和灵魂，维系着企业的生产经营，包括知识产权和物质产权，企业必须重视项目档案的管理工作，对其进行重点建设，加大对企业档案管理的资金投入力度，培养相关的档案工作人员，实现企业项目档案的健康发展。

6.3　文化档案管理创新

企业档案不仅是企业信息化建设的组成部分，还是企业文化建设中的重要内容，企业文化在企业中占据举足轻重的位置，其定位和规划影响着企业的发展和战略布局。

企业档案具有丰富的文化内涵，它真实地记录了企业从无到有的发展历程，因此企业文化部门应该重视档案文化建设，对企业文化档案进行管理。

6.3.1 企业文化和企业档案

（1）了解企业文化

企业文化是企业的重要组成部分，包括企业形象、企业精神和管理哲学等内容，是企业在长期的生产经营中所创造的精神财富，其核心是企业的精神和价值观。简单来说，企业文化是企业信息化的源头和文化资产，为企业提供管理方法。

那么，企业文化的概念是什么？它的存在对企业来说又有哪些意义？

企业文化是组织文化的一种形态，是全体员工在企业运行过程中形成的、全体员工的主流意识，并被其遵守的最高目标、价值体系、基本信念和行为规范的总和，还包括企业的宗旨、精神、价值观、精神理念等。可以说，企业文化是企业个性意识和内涵的总称，只有在企业行为中才能体现。

企业文化可以推动企业发展，是企业发展的动力。企业全体员工在从事商品生产和经营活动中体现的价值观念，往往可以反映出企业文化。企业文化具有独特性、继承性、相融性、人本性、整体性、创新性等特征（图6-5）。

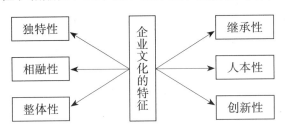

图6-5 企业文化的特征

同时，企业文化具有十分丰富的内容，涉及企业运行的方方面面，如企业精神、企业道德、企业形象、文化结构、企业使命等。

（2）企业文化对企业档案的影响

企业文化的内容和特征在一定程度上影响着企业档案管理，对企业档案提出了更高的要求。

企业档案记录着企业各个阶段的发展情况，为企业发展提供了丰富的参考资料，是组成企业文化的重要部分。企业档案中既包含着企业技术，还包含着企业文化，在一定程度上决定了企业的发展，因此做好企业档案管理工作，在某种程度上说，就是在建设和丰富企业文化，主要体现在以下几个方面。

①企业档案是企业文化的载体。

企业档案是企业在生产经营实践中的历史积淀，是企业的宝贵财富。要想更好地建设企业文化，就需要深入了解企业的发展历程，包括生产建设经历、经营哲学、价值理念和企业目标等，这些发展历程可以从企业档案中了解，因此可以借鉴企业档案中的内容建设企业文化。

企业文化并不是一成不变的，随着时代的发展，也会发生相应的改变。与此同时，企业档案的内容也是不断发展变化的，它真实完整地记录了企业在发展过程中的改变。

企业档案如实记录着企业文化的变迁，为企业文化的建设提供了丰富的素材，有助于塑造良好的企业形象。可以说，企业档案建设是否完整、有效，决定了企业文化是否丰富、与时俱进。

②企业文化影响企业档案的建设。

企业文化是企业发展的中心，在现代化企业管理中占据着重要的地位。企业员工处在企业这个大环境中，往往会受到企业文化的影响，呈现出和企业相同的价值观念，这就意味着企业档案工作人员会受到企业文化的影响。因此，在对企业档案进行鉴定工作时，档案工作人员的主观性难免会受到企业文化的影响而发生改变。

企业档案工作人员需要对企业档案进行整理和利用，在这个过程中，企业档案工作人员将会不断学习和熟悉企业文化，企业文化需要和企业员工同步改变和成长，企业文化影响着企业档案工作的建设，两者相互影响，从而实现共同发展。

（3）企业档案对企业文化的作用

企业文化影响着企业档案管理工作的建设，同样，企业档案也在某种程度上影响着企业文化的打造，主要体现在以下方面。

①企业档案突显企业文化特色。

企业档案是直接形成的，这就意味着企业档案具有原始性，是记录历史真实面貌的原始文献，具有凭证价值。

企业档案记录着企业的发展轨迹，包括企业文化。同时，企业档案的形式多样，包括文字、图片、影像等，这些企业档案生动地再现了企业日常的生产、经营、销售等活动。

企业要想形成自己的特色文化，就必须借鉴历史，从企业的发展轨迹中找出自己的特色资料，进而形成特色企业文化，发挥出企业文化的作用。因此，在打造企业文化时，可以参考企业档案的内容，取其精华，去其糟粕，最终形成企业文化，显示出企业文化的特色和企业整体的水平。

②企业档案提供教育素材。

企业档案中包含很多与教育相关的资料，因此可以用来为企业培养相关人才。

在对企业员工进行培训时，除了聘请专业的人才进行业务培训之外，也可以在企业档案中寻找教育素材，结合档案中的资料，制定全面、有效的方案进行培训。同时，企业员工也可以在培训过程中加深对企业文化的理解，增强其企业认同感。

6.3.2　建设企业文化档案的措施

企业文化档案是指企业在成立以及发展过程中产生或形成的、和企业文化相关的、对企业有保存价值的档案，如证书荣誉、文化标识等。企业文化档案的建设需要结合企业文化，不断发展企业文化，可以从以下方面着手。

第一，对企业文化档案进行规范管理。企业档案工作人员在对企业档案进行归纳整理时，需要遵守相关的法律法规要求，加强企业档案的规范管理，包括管理制度、收集要求等。例如，可以按照类别对企业档案进行管理归纳，这样企业管理人员可以很方便地找到自己需要的档案。企业在进行文化建设时，往往需要档案工作人员及时找到企业文化建设的资料，因此，必须加强对企业文化档案的规范管理。

第二，对企业文化档案内容进行提炼，选择精华部分。对企业档案工作人员来说，需要灵活运用企业档案的内容，开发其重要的价值，尤其是企业文化方面的价值。例如，档案工作人员可以对档案内容进行编辑，根据企业档案的产生时间，编写企业的发展过程、获得的荣誉等资料，这不仅可以为企业提供培养人才的资料，还能发挥出自身的价值，加强对企业文化的认同感。

第三，根据企业档案保密等级，公开相应的对企业发展有益的文化档案。企业档案是有保密等级的，并不是所有的员工都可以任意查阅企业档案。对那些保密要求不高的档案，如企业文化档案，应该采取定期公开的方式，以保证企业的每个员工都可以了解企业的实际发展情况。通过定期公开企业文化档案，不仅可以体现企业的包容度、透明度，还可以加深企业员工对企业的情感。同时，企业员工可以从文化档案中获取经验，在工作中不断实践，改进自身的工作方式，提高工作效率，推动企业不断向前发展。

6.3.3 文化档案管理的创新方向

企业文化档案的建设往往重于实践，而忽视理论研究，因此在对企业文化档案进行管理时，可以从加强对档案文化理论研究、把握企业档案文化理论研究方向和明确企业档案文化的内容等方面进行（图6-6）。

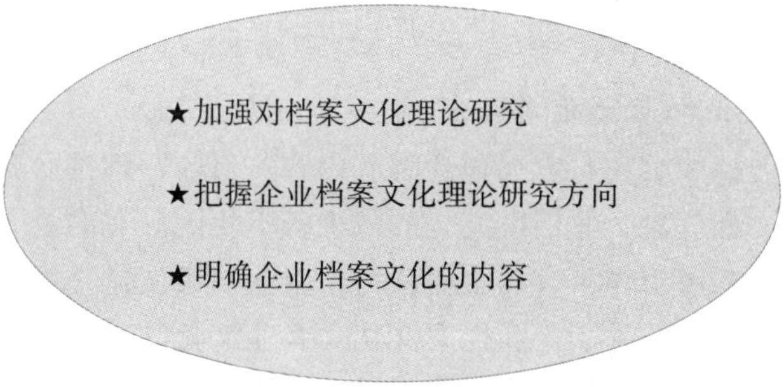

★加强对档案文化理论研究

★把握企业档案文化理论研究方向

★明确企业档案文化的内容

图 6-6 企业档案文化建设的内容

（1）加强对档案文化理论研究

对企业档案部门来说，在进行企业档案工作时，不可避免地会遇到档案文化的建设问题。我们都知道，企业档案文化建设可以提高企业文化层次、人才管理水平，甚至产生经济效益。那么，该如何利用企业档案建设企业文化呢？

长久以来，企业只是在实践活动中加强企业文化的建设，但在理论层面，尚未形成完整、全面的理论基础，因此加强企业档案文化的理论研究十分紧迫。企业处于一个全新的时代，在研究档案文化时，需要立足于现实，转变思路，不能墨守成规、故步自封，企业需要重视企业档案工作，并了解、掌握企业档案事业的发展方向。同时，学界需要加强对企业档案文化建设理论的研究，深入挖掘理论依据，为企业档案文化实践活动提供指导。

（2）把握企业档案文化理论研究方向

档案学具有非常强的实践性，因此档案学研究者只有深入实践，档案学理论才能为档案实践活动指引方向。在进行档案理论研究工作时，需要看到基层档案工作者的创新，与其进行积极探讨，深入了解企业的实际情况，协调好理论研究和实践工作的关系，最终使理论研究可以反映出实践发展的动态，指导实践发展。

近年来，企业档案文化建设如火如荼，受到企业档案部门的重视和关注，是企业档案工作新的发展方向。相关的学者需要对这一现象进行关注和研究。

企业在进行档案文化建设时，需要尽可能多地丰富文化档案的类型，比如开发档案文创产品，又如进行专题记忆展览等，这不仅可以创新企业档案文化建设的形式，还可以展现企业文化的魅力。

但是，当前很多企业存在对档案文化建设研究不深入，仅仅停留在表面等现象。因此，企业档案文化的研究重点在于形成高效的工作体系，确定档案文化的工作内容等，只有这样才能准确把握理论研究的方向，更好地建设企业档案文化。

（3）明确企业档案文化的内容

什么是企业档案文化，它又包含哪些内容？目前，理论研究上不能给出确切的答案，各个企业对企业档案文化的认识各不相同。有的企业认为，企业档案文化是指档案编撰工作；有的企业认为，企业档案文化是指开发企业档案文化产品；还有的企业认为，企业档案文化是企业文化的一部分，可以看作是企业发展战略等。由于各自的认识不同，导致企业在档案文化建设方面侧重点不同，发展自然也各不相同。因此，理论界或学界需要对企业档案文化的概念等进行界定，明确其工作内容，为企业档案文化建设提供指导。

企业档案文化建设和传统的档案工作不同，其出发点是企业文化。因此，建设企业档案文化是企业档案工作的新层次，是创新发展的结果，其内容涵盖与企业文化相关的方方面面，如开发企业文化产品、构建企业记忆、展示企业档案文化等。

通过企业档案文化建设，可以有效推动企业文化建设，是企业文化发展的必然趋势，学术界应该积极探索企业档案文化相关的理论研究。

6.4　建立企业档案全过程管理

企业档案管理是一个长期的过程，可以通过对企业项目的全过程监督、管理来实现企业档案的全过程管理。尤其是复杂的、建设时间长的工程项目，其情况十分复杂，在工程建设期间，会不间断地产生各种类型的档案文件，主要表现在建设施工单位多、参与项目单位多、产生文档多等方面（图6-7）。

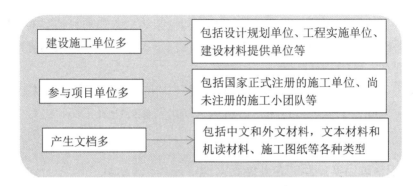

图 6-7　工程项目涉及的单位和文档

　　总之，工程项目中所有档案材料数量很多且分散，为更好地管理这些档案文件，需要建立全过程管理方式，按照项目的进展，可以分为项目初期、项目实施期、项目建设期、项目结项期四个阶段，每个阶段实行不同的管理制度和方法。

6.4.1　项目初期的企业档案管理

　　在企业项目初期，企业档案部门就要从思想上高度重视档案管理工作，召开动员大会，促使每个档案工作人员意识到档案管理工作的重要性，可以采取以下方法。

　　第一，企业档案部门针对整个工程项目档案管理制订相应的工作计划，并和各个工程项目分部进行沟通协调，积极听取建议和意见，及时发现问题，并对制订的工作计划进行修改和完善，确保工作计划的有效性。

　　第二，依据工程项目的进展，每个员工将指导和监督具体的分项目，建立分项目档案组织机构，成立临时的档案工作小组，并将工程档案的责任落实到每个员工身上，为项目档案工作的开展奠定组织基础。

　　第三，派驻档案专员在项目建设整个过程中进行全方位监管，做到专职专责，确保工程项目档案工作顺利开展，没有死角。可以定期组织对派驻档案专员进行培训，提高其专业技术素质和业务水平。

　　第四，企业档案部门将项目档案工作纳入领导议事日程，规定各个工程项目经理的项目档案职责，从最高领导层贯彻落实企业项目档案的工作和职责，从上到下实现工程项目材料的收集、积累和整理工作，实现对项目档案的全过程管理。

　　其中，对临时档案小组需要制定相应的项目档案管理工作的机制和要求，对每一项目档案管理工作制定具体的要求和框架结构，如项目档案的收集范围和整体要求等，使企业档案工作人员在项目档案工作中，可以根据规章制度办事，做到有据可依，有路可循。

在进行工程项目档案建设时，良好的开端和计划可以保证档案工作的顺利开展，因此在工程项目初期，必须从全局出发做好统筹工作，进行事前介入管理。

6.4.2　项目实施期的企业档案管理

在工程项目实施期，工程项目开始实施，企业档案部门开始进行具体的档案管理工作，如企业档案的收集工作。为覆盖整个项目的工程实施，企业档案部门需要形成项目档案管理网络，要求所有的项目经理配合派驻项目档案专员的工作，采取相应的措施，实施统一的档案管理标准。其具体做法如下：

第一，企业档案部门制定相应的项目档案资料管理制度、细则、统一标准等，并将这些制度、细则标准下发到所有和工程项目有关的单位，实现项目档案的统一管理标准。

第二，提高项目档案管理标准的地位，将其放到和工程项目施工标准的相同地位，提高重视程度，确保统一的档案管理标准的顺利实施。

第三，企业档案部门可以通过召开项目档案工作会议，或者邀请专业的工程项目档案专家到企业或工程现场进行培训等方式，不断提高工程项目有关单位的档案管理意识，从思想到行动，不断提高相关单位对企业工程项目档案的重视程度，配合企业做好项目档案管理工作。

实施统一的项目档案管理标准，可以为项目档案工作提供准绳，使之顺利开展，甚至可以进一步推广到社会之中，在为企业创造经济效益的同时，产生社会效益。

在工程项目实施期，企业档案部门必须做好档案管理标准的统一工作，从全局出发，制定标准统一的项目档案工作管理制度，进行事中控制管理。

6.4.3　项目建设期的企业档案管理

（1）企业档案部门进行统筹规划

在项目建设期，随着项目施工的进行，每天都会产生大量的文件资料，因此派驻到各分项目的档案专员需要保证驻守在工作现场，随时向企业档案部门报告分项目的具体进展，以便企业档案部门实施节点控制管理，其流程如下

（图 6-8）。

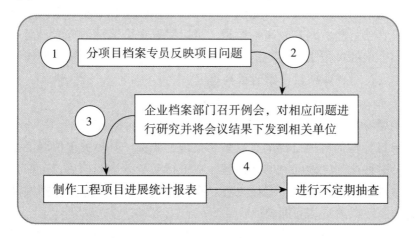

图 6-8　企业档案部门节点控制的流程

　　各个分项目的档案专员向企业档案部门报告在施工现场遇到的不同问题，企业档案部门每周召开一次项目进展例会，针对这些问题进行研究并总结，然后将会议结果发送给各个分项目经理部和相关单位，及时解决问题。同时，制作工程项目进展统计报表，实时监控记录工程项目的进展，并每周一次将报表发送给相关领导和各分项目经理，使他们对工程项目有整体的了解，以做到统筹规划，稳步推进。

　　除此之外，企业档案部门还需要进行不定期抽查验收，制定项目档案管理抽查验收制度，从制度上保证项目单位和项目档案专员的积极性，使他们对项目档案管理工作保持热情和认真负责的态度。

　　（2）**项目相关单位积极配合**

　　进行企业工程项目档案工作，不仅需要企业档案部门统筹管理，还需参与工程项目建设的单位进行配合，需要将工程项目档案管理工作作为建设施工日常工作的一部分，使之常态化，放到与工程质量同等的地位。可以从以下方面着手。

　　第一，负责企业项目督查的部门，在对企业项目开展督查工作时，可以同时督查企业工程项目档案管理工作的开展情况，这样会使各个分项目经理更加重视企业项目档案工作，有助于企业项目档案管理工作的顺利进行。

　　第二，在进行分项目结项验收工作时，同时对项目档案收档工作进行审查，以保证企业项目档案的质量。

第三，采用适当的手段激励参与建设的相关单位，使其做好企业项目档案工作，如采用经济手段，对完成项目档案文档收集和编制工作的单位进行评价，如果其项目档案具有较高的质量，可以采取现金奖励的方式；而对项目档案管理不合格的单位采取适当的惩罚措施，从而起到激励和警示的作用，提高所有施工人员对企业项目档案的重视程度。

（3）企业档案部门和临时档案室相互配合

制定相应的管理制度以保证项目档案可及时进行整理。

各项目经理部对项目档案有收集和整理的职责，其相关单位需要按照规定和要求及时移交到工地临时的档案室，在进行初步分类归档后，定期将档案移交到企业档案部门进行统一归档立卷。在这个过程中，需要企业档案部门和施工现场的临时档案室相互配合。

临时档案室所负责的主要工作是，对相关的施工单位产生的文档材料进行签收和移交，为确保档案的完整和安全，一般由派驻的档案工作人员和项目材料经手人员共同签字，并集中统一保存在临时档案室，随后派驻的档案工作人员对施工单位移交的材料进行预立卷工作。需要注意的是，临时档案室处于工地，需要加强安全保卫工作，做好防火防盗、防热防光等档案保护措施，保持警惕，防止事故的发生。

企业档案部门的主要工作职责是，对临时档案室移交的档案材料逐份进行审查，将移交过来的档案全部打散，重新进行整理、分类、组卷和编目等工作。需要注意的是，对案卷中不规范的文件材料，需要及时进行补签和抢救，这需要临时档案室及时做好配合，以保证入库档案的齐全、完整和规范。

在工程项目实施建设阶段，企业档案部门必须做到实时监控企业项目档案的产生、积累和整理工作，需要采取各种有效的措施和方法，保证其顺利开展。

6.4.4　项目结项期的企业档案管理

在项目结项期，项目档案几乎完成汇总和归档，其项目档案工作已接近尾声，但难免会有遗漏，因此在项目结项期，企业档案部门的主要任务就是查缺补漏，对所有的工程项目档案进行梳理、完善。

企业档案部门需要对项目档案进行再次验收，使之具有高质量，做到企业项目档案的准确无误、一目了然，查询和存取都十分便捷，方便企业在后续的生产过程中调用工程项目档案，发挥出项目档案的最大价值，即为企业生产提供参考和信息支撑。

为做好工程项目档案的工作，可以采取以下措施。

第一，在项目结项阶段，同时评定工程项目质量和项目档案工作质量，这样可以为项目档案质量提供保障。

第二，做好企业档案工作人员的培训，需要档案工作人员本着认真负责的态度，做好企业项目档案的整理工作，需要严格把好质量关，并不断提升自身的业务能力和专业素质。

第三，企业档案部门需要创新服务理念，始终围绕企业项目，为企业提供档案服务，从被动接收文件材料转变为主动为企业工程项目档案服务，派驻档案工作人员，需要积极与项目相关的单位或部门进行沟通，做到心中时刻有档案，对项目档案提出高标准要求。

综上所述，通过对企业项目档案进行全过程管理，即通过事前介入、事中控制、事后核查、验收把关的管理流程进行项目档案管理工作，可以对项目档案进行实时监控，保证项目档案管理工作的有序进行，提高项目档案的准确率、齐全率和归档率。

全过程管理是一种管理策略，为工程项目档案理论的创新提供了可能和参考，可以有效提高项目档案工作的效率，产生社会效益和经济效益，具有深远的影响和意义。

第 7 章　基于信息化的企业档案管理模式创新

信息化时代的到来不可阻挡，信息技术的应用极大地方便了日常生活，对企业也产生了巨大的作用，不仅可以提升企业经营管理效率，同时，对企业档案管理来说，更是一个发展机遇，可以提升企业的档案管理水平。

企业档案应用信息技术实现档案管理模式的创新，主要体现在对档案信息的开发利用、深层次编研以及构建企业档案信息开放中心等方面。

7.1　企业档案管理模式发展趋势

信息时代对企业的信息资源提出了更高的要求，企业档案的经济效益日渐凸显，随着信息技术的应用，企业档案管理模式也逐渐发生改变，开始以管理数字信息为中心。可以说，信息化管理模式是企业档案管理模式的必然趋势。

7.1.1　企业档案信息化管理模式的必要性

企业档案信息化管理对企业有十分深远的影响，可以提高企业的市场竞争力、经营管理效率，还可以提高企业档案的管理水平，是企业十分迫切的需要，其必要性主要体现在以下几个方面。

（1）是提高企业市场竞争力的需要

信息技术和计算机的应用，为企业档案信息进行数字化管理提供了可能，通过对传统档案进行数字化处理，建立档案信息数据库，形成企业档案信息化管理模式。

企业要想提升自身的竞争力，就需要完整、可靠的信息资源和科学、准确地分析市场，这离不开企业档案信息的帮助。因此，企业必须改变现有的企业档案管理模式，向管理信息化模式发展。

企业档案信息化管理模式，可以高效、便捷地管理企业档案，使档案信息得到充分利用和开发，同时可以对档案信息深层次编研，使企业档案成为企业发展的"智囊团"，不断提升企业的竞争力。

（2）**是提高企业经营效率的需要**

企业档案信息化管理模式，可以实现企业各个部门对企业档案信息的共享，有效提高企业的经营效率。

建立企业档案信息化管理模式，不仅意味着要将原始档案进行数字化处理，形成数字资源、建立数据库等，还需要建立与之相匹配的信息化管理系统，使企业员工可以在该系统中查阅自己需要的档案信息，加强各个部门之间的沟通交流，打破"信息孤岛"的现状，简化工作流程，从而提升企业的经营效率，为企业创造更大的经济效益。

（3）**是提高企业档案管理水平的需要**

长久以来，企业档案管理依靠人工管理，效率比较低下。企业档案信息化管理，不仅可以促进档案信息的合理配置，使企业实现科学管理，更能为企业提供优质的信息支撑服务，可以有效提升企业档案管理工作的地位，提高企业档案的管理水平。

7.1.2 档案信息化管理模式举措

企业档案信息化管理模式是企业发展的必然趋势，企业可以采取以下举措来提高企业档案信息化管理水平。

（1）**积极应用现代信息技术**

企业需要积极应用现代信息技术，加快建设企业数字档案馆／室一体化平台，实现档案数据的统筹管理。

企业数字档案馆／室一体化平台中包含很多子平台和子系统，企业不仅可以在其中收集、整合各种档案信息，而且企业员工可以在该平台中查阅自己需要的档案信息，十分便捷。

首先，积极应用数字化技术对传统企业档案进行数字化处理，使之形成可以在网络上传输的数字信息，实现档案信息在各个部门之间的共建共享。

其次，加强对档案系统管理平台的建设，企业员工可以通过该平台对企业档案进行检索、查阅等工作。

建设企业数字档案管／室一体化平台，可以实现企业档案现代化、信息化管理，对企业档案事业发展有现实意义，可以提高企业档案管理水平，减轻工作人员劳动强度的同时，提高工作效率，还使档案资料得到更加充分的开发和利用。

（2）加强相关的基础设施建设

要想实现企业档案管理信息化，就需要为其提供基础的配套设施，主要包括软硬件设施，如服务器、计算机、扫描仪、各类档案管理软件等。

首先，要注重硬件设施的质量。很多企业在进行企业档案数字化建设工作时，过于注重软硬件的经济价值，而忽略了质量。现代科技日新月异，硬件更新换代很快，因此，企业在选择相应的硬件设施时，需要结合企业的实际情况和档案信息化的发展目标，选择合适的硬件设施。

其次，在进行信息化管理时，需要注重系统软件的可操作性。系统软件承担着档案信息的管理职责，企业需要不断更新、深入开发软件，使其具有拓展性、可操作，以适应更加复杂的操作功能。

企业只有做好相应的基础设施建设，才能不断加快档案信息化进展，从而实现档案信息化管理模式。

（3）加强档案管理制度建设

不管选用哪种档案管理模式，企业都需要制定相应的档案管理制度，这是企业档案工作的基础和保障。对档案信息化管理模式而言，企业档案的形式发生了巨大改变，逐渐以数字档案信息为中心，因此，需要建立相关的信息化管理规范和规章制度。

首先，制定企业档案信息化管理制度体系，强化企业内部的职责意识。例如，明确企业内各个部门的职责，制定考核标准和制度，明确日常档案工作的管理制度等。

其次，制定企业档案信息化安全管理体系，保障企业档案信息安全。和其他企业档案信息相比，数字档案信息在安全方面有所不足，有较高的信息泄露的风险。因此，企业需要加强档案信息的安全管理，如对不同密级的企业档案信息作出不同级别的安全要求，防范网络病毒，建立档案信息安全机制，明确日常管理工作中的保密要求等。

最后，加强对档案管理制度的监督。企业需要对档案管理制度体系的实际情况和执行力度不定期进行检查和实施监督，这样才能落实各项管理制度，实现有规章制度可依，使企业档案管理更加制度化、规范化。

7.2 企业档案的开发利用工作

企业档案工作的主要价值是为企业提供利用服务，这同时是企业进行管理档案工作的目的。那么，在对企业档案进行开发利用工作时，可以采取哪些措施呢？本节就企业档案开发利用存在的问题及其原因进行分析，并给出企业档案开发利用的措施。

要想创新企业档案管理模式，首先就要做好企业档案的开发利用工作。

7.2.1 企业档案开发利用存在的问题及原因

企业档案的开发利用工作尚未得到企业档案部门的充分重视，主要表现在以下方面。

（1）造成企业档案开发利用问题的原因

目前，大多数企业的档案信息资料尚未发挥出作用，属于"被动服务"的状态，即只有档案利用者有查阅、调用企业档案需求时，企业档案部门才开始进行查询，其档案管理模式以传统的借阅为主，其借阅方式缺乏创新。造成这种情况的原因有以下两个。

第一，尽管现在很多企业已经开始信息化建设，但在企业档案信息化建设方面进展缓慢，企业档案部门所拥有的数字档案数量有限，在进行整理、检索工作时，仍旧以人工检索为主，导致企业档案管理的工作效率低下。

第二，企业领导对档案管理工作不够重视，招聘的企业档案工作人员不具备高水平的业务能力和专业素质，同时，企业内部尚未建立起科学的档案管理服务模式。

（2）提高企业档案开发利用的措施

第一，需要从根本上改变企业档案的服务理念，不能只是被动地等待，应该选择主动出击。企业档案工作人员需要和档案利用人员进行积极沟通，了解档案利用者的所思所想以及他们的具体需求，制定出具有针对性的、全面的、个性化服务体系和完善的反馈机制，通过不断反思，完善自身的档案服务体系。同时，在每一次档案服务工作结束之后，企业档案工作人员需要对企业档案利用者进行跟踪探访，了解档案利用者的满意程度，对反馈信息进行分析、整理，发现档案利用者的潜在需求，不断提升档案工作人员的工作效率和服务水平。

第二，创新企业档案服务模式。为提高企业档案利用率，企业档案部门应创新档案服务模式，从传统的索取型服务，转变为推送型服务。即通过全面了解档案利用者的需求，通过分析研究，为档案利用者推送具有针对性的档案信息资源，从而使档案利用者及时、实时地掌握自身需要的档案信息，增强对企业档案部门的认同感。同时，档案工作人员要紧跟时代发展的步伐，学会充分利用现代信息技术，创新企业档案的提供方式，发挥企业档案的主动性特征，对档案信息进行深度开发，为档案利用者提供具有使用价值的信息。

7.2.2　创新企业档案开发利用的内容

企业档案工作的出发点是对企业档案进行开发并合理利用，要做到这一点，就需要对档案服务进行创新，尤其是服务内容的创新，需要从服务领域、环境、对象、态度和时间等方面开展（图 7-1）。

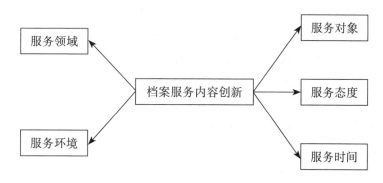

图 7-1　档案服务内容创新内容

信息化时代，电子文件、数字文件层出不穷，使企业日常管理工作变得更加便捷。同时，这也为企业档案的信息形式创新提供了可能，企业档案实体管理逐渐变为企业档案信息管理。

企业档案信息管理模式，冲击了现有的企业档案管理模式，企业档案的管理对象、管理手段发生了巨大改变，企业档案工作人员需要变革自身的知识结构，不断学习并掌握先进的互联网技术、数码技术，采用先进的管理手段对企业档案进行管理，不断完善企业档案管理的相关功能，为不同层次、不同领域、不同需求的档案利用者提供便捷、科学的档案服务。因此，企业档案部门必须加强对企业档案的开发和利用，建立档案管理信息系统，不断推动企业档案信息化建设，使其与企业的生产经营活动紧密联系，进而获得经济、社会效益。

企业该如何对档案进行开发和利用工作？需要将档案开发的重点和立足点放在企业的核心工作上，结合企业实际的生产经营状况，对企业需要的档案资源进行深度开发、整理。可以从以下方面进行。

（1）服务内容向多元化转变

近年来，企业员工的档案意识不断增强，企业档案开始逐渐加大开放的力度，同时，企业档案信息化进程的加快，使企业档案管理的重点变为整合企业档案信息资源，满足企业员工对企业档案的多样化需求。为更好地促进企业档案的发展，创新企业档案的利用模式，企业档案的服务内容应向多元化转变。

①优化传统的档案服务方式。

在传统的档案服务方式中，档案利用者如果要调用、查阅档案信息，档案部门往往会为档案利用者提供一份纸质的档案原件，或是以专题汇编的方式提供给档案利用者。在这种服务方式下，企业档案部门不会对档案文件进行深入加工，很难满足档案利用者日益增加的档案信息需求。因此，需要对现有的档案服务方式进行优化，即深入挖掘和加工档案信息，为档案利用者提供更全面、完整、有参考价值的档案信息。例如，企业可以针对自身的发展需求，编辑相应的案例汇编，通过对经典、特色案例的分析总结，找到企业的发展规律和影响企业发展的因素等。通过对企业档案的深入挖掘和加工，找到解决问题的对策和措施，为企业的管理指明方向，不断完善企业管理模式，从而促进企业进一步发展。

②创新信息化档案服务方式。

除了对传统的档案服务方式进行优化，企业还可以应用信息化技术创新档案服务方式。例如，企业可以利用先进的互联网技术推动企业的日常工作，包括企业档案管理的日常工作，企业将不同类型的档案进行归档，并利用互联网技术进行管理，员工可以通过单位或项目名称及标识，迅速在电子光盘中找到需要的文件。又如，企业档案采用电子档案的形式，不仅可以利用计算机对电子档案进行管理，还可以通过打印机等外部设备打印实体档案，进而丰富企业档案服务的服务方式，提高企业档案管理工作的效率。

（2）创新企业档案开发利用宣传工作

要想促进企业档案开发利用工作的进一步发展，需要企业领导和企业员工的重视，那么，进行企业档案开发利用的宣传就必不可少。

企业档案部门需要做好企业档案开发利用的宣传工作，增强企业全体员工的档案开发利用意识，并获得企业领导的支持、认可，从而实现企业档案服务的长远发展。可以采取创新档案宣传方式、手段和对企业员工进行培训等措施，做好企业档案宣传工作（图 7-2）。

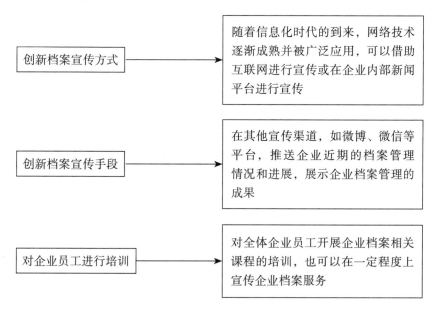

<table>
<tr><td>创新档案宣传方式</td><td>随着信息化时代的到来，网络技术逐渐成熟并被广泛应用，可以借助互联网进行宣传或在企业内部新闻平台进行宣传</td></tr>
<tr><td>创新档案宣传手段</td><td>在其他宣传渠道，如微博、微信等平台，推送企业近期的档案管理情况和进展，展示企业档案管理的成果</td></tr>
<tr><td>对企业员工进行培训</td><td>对全体企业员工开展企业档案相关课程的培训，也可以在一定程度上宣传企业档案服务</td></tr>
</table>

图 7-2　企业档案宣传措施

7.2.3　企业档案信息开发利用的策略

对企业的档案信息进行开发利用，也是企业档案工作的落脚点。对企业而言，开发利用企业档案信息资源的途径有哪些，可以从哪些方面进行开发利用呢？其途径有从档案产生源头进行管理、抓住开发利用工作重点和突破点、全面开展企业档案开发利用工作、提供企业档案开发利用的物质保障四种（图7-3）。

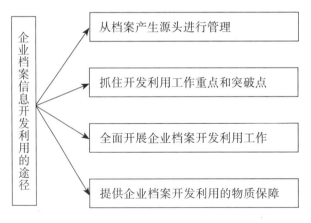

图 7-3　企业档案信息开发利用的途径

（1）从档案产生源头进行管理

对档案信息资源进行开发利用，离不开档案信息资源的建设。因此，可以从源头开始，通过档案产生的源头把握企业档案信息的质量，从而使企业档案开发利用工作更加有效果和保证档案质量，确保档案信息资源的开发价值。

首先，需要从档案产生的源头进行科学整理和保管，严格遵循档案的规范性和质量要求，在后续档案工作中始终保持严格的要求，最终实现档案管理工作的良性循环，使档案信息的开发利用工作更加顺利。

其次，企业需要加强对档案信息资源的建设。企业需要注重档案信息资源的储备，确保企业有足够多的档案信息资源，扩大档案信息资源的收集范围，对企业档案信息资源进行统一建设。

最后，在档案源头管理方面，企业要加大对档案的管理力度，制定规范、标准、科学的档案管理制度，并配备专业的档案工作人员进行管理，制定相关的档案质量考核制度，从档案产生的源头严格管控，最终实现档案源头管理的目标。

通过以上措施，可以为企业档案信息资源的开发利用工作奠定良好的基础，确保对企业档案信息资源可以进行有效的开发利用，为档案利用者提供准确、完整、高质量的档案服务。

（2）抓住开发利用工作重点和突破点

对企业档案信息进行开发和利用需要讲究方式、方法，不能按照以往的方式进行开发，而是要按照企业档案实际的情况，抓住企业档案开发利用工作的重点，并找到突破点。

首先，企业档案部门要了解并掌握企业目前工作的核心和重点，有计划、有目的地对企业档案信息进行开发和利用，并结合企业未来的发展趋势和方向，制订出合理的档案开发利用方案。

其次，当今社会，信息化的进程不断加快，要把信息化方向作为企业档案开发利用工作的突破点，增加企业档案信息的流动速度。同时，网络建设、简化手续等方面也可以作为企业档案开发利用工作的突破点，企业可以在这些方面加大建设力度，从而获取一定的实际效益。例如，某些企业应用先进的信息技术，通过在档案管理系统中实现文档一体化管理模式，提高档案信息开发和利用工作的效率，这不仅可以全方位对档案服务管理工作的各个环节进行有效管理，还能对企业档案的图纸进行及时回档，很好地对电子文件进行归档，最终形成企业档案的电子化流程。

（3）全面开展企业档案开发利用工作

在对企业档案信息进行开发利用时，不能片面地对企业档案进行开发利用，需要立足于全局发展，用全面的、发展的、联系的观点审视企业档案开发利用工作，由点到面，层层展开，建立较为科学的、全面的理论体系，实现档案开发利用工作的全面发展，发挥出企业档案信息的最大价值。

首先，企业要建立档案信息管理系统，通过该档案信息管理系统对企业各个部门产生的企业档案信息进行管理。

其次，档案信息管理系统建设结束之后，企业可以在某个部门开展企业档案开发利用工作，以其作为档案信息管理的实验点，考察其实验成果，然后逐渐推广到企业的其他部门，最终实现企业整体的档案开发利用。

（4）建立企业档案开发利用的物质保障

企业要想顺利对企业档案信息进行开发利用，就必须拥有进行档案开发利用工作的基础，包括物质和技术保障，需要建立保障机制，使开发利用工作可以顺利进行。

①物质保障。

首先，对企业而言，对企业档案信息进行开发利用，不仅需要一定的人力资源，还需要硬件资源的支持，如计算机、打印机等硬件设备。对保障档案开发利用工作的顺利进行来说，这是基础的设施，也是不可或缺的物质基础。

对档案信息进行开发与利用需要结合科学管理和档案研究工作，可以说，这是档案信息积累到一定程度后的高层转化的结果。要想实现这一结果，不仅需要了解企业的中心工作、企业档案工作的实际情况、企业库藏档案的实际情况，还需要采取行之有效的方法和手段，这是一项十分复杂、具有较高难度的系统性工程。

②技术保障。

企业档案信息开发的另一个重要目标就是为档案利用者提供档案信息，为实践工作提供服务和指导。为完成该目标，企业档案部门需要做好企业档案的整理和收集工作，在信息化时代背景下，企业档案信息的收集实际上变为电子文件的收集。因此，需要应用先进的信息技术为企业档案工作提供保障。

例如，企业需要通过云计算技术、大数据技术对档案信息进行收集、整理和分析，因此档案信息的开发利用方式也发生了根本性改变，需要主动对数据进行分析和预选，通过计算机技术进行深层次编研，为档案利用者提供高质量的档案信息。

为解决对档案信息利用和检索的问题，企业可以开发档案信息管理系统，进而实现对电子文件的科学检索。

首先，对于企业现有的电子文件，必须要建立科学的信息管理系统，将信息管理系统链接到各部门的业务管理系统，以方便随时收集相应的企业档案信息，同时，利用信息技术手段对这些电子文件进行统一存储和管理，方便对电子档案的利用和检索工作。

其次，对可能要产生的电子文件，企业需要重视源头管理，从电子文件产生的源头进行严格把控，可以利用 PDM（产品数据管理）平台对不同类型的电子文件和相应的业务系统进行监管，该平台可以在源头上对企业档案信息进行监控，十分有效。

最后，企业的信息系统应该与时俱进，对那些明显落后于时代、不适宜的信息系统应予以淘汰或升级，这样才能更好地为企业发展助力。

7.3 构建企业档案信息开放中心

我国正处于经济快速发展的阶段，各个企业在自身所属的行业中全面开花，获得了较好的发展。同时，企业也处在一个竞争非常激烈的时代，谁拥有核心的技术和人才，谁就能在竞争中获得优势。

信息化时代，如何寻找有用的信息资源，如何准确把握未来发展态势，成为各个企业的当务之急。因此，建立完善的信息资源管理系统显得十分迫切，这也是企业发展的必然趋势。

对企业档案部门来说，将企业档案变为可以进行存储、收集、开发利用的信息资源是当前的难题和重点。对企业来说，需要充分认识到档案信息的特点——数量多而杂，需要高度重视企业档案的建设工作，这样企业才能更好地掌握信息资源，实现进一步发展。因此，企业和企业档案部门需要相互合作，坚持"资源共享"的理念，构建企业档案信息开放中心。

7.3.1　构建企业档案信息开放中心的必要性

进入信息化时代，随着互联网技术、计算机技术的广泛应用，可以说电子文件占据了文档界的大半壁江山。电子文件具有便于传输、方便存储、管理等诸多优点，影响着企业的方方面面。然而，在企业档案方面，仅仅停留在数字化阶段，并没有进行深入研发，存在"整理开发难"和"利用难"的问题，档案利用者并不能很好地利用企业档案资源，因此，建立企业档案信息开放中心十分必要。

（1）**是企业档案发展的必然趋势**

由于信息化技术的影响，企业档案管理的重点发生了改变，很多档案资料可以通过数字化技术形成数字化文件。在这样的背景下，企业应该优先考虑将现有的档案进行电子化和数字化处理，这符合企业档案部门的核心诉求，构建企业档案信息开放中心，是企业档案事业发展的必然趋势。

构建企业档案信息开放中心，对企业而言，可以对企业档案进行集中管理，便于企业档案的收集和整理工作，简化企业档案管理流程。同时，可以对企业档案信息深入开发，形成具有更大价值的档案信息。对档案利用者来说，通过企业档案信息开放中心，可以便捷地对企业档案进行查阅和利用，提升工作效率，节约大量的时间和精力。

（2）**是提升企业档案利用率的需要**

企业档案属于信息资源的一部分，要想利用这些信息资源，就必须经过整理使其有序化，可以按照信息的"编号、收集、整理和查询"流程对企业档案信息进行管理。

实际上，企业档案信息的整理工作仅仅是基础，企业档案信息要想真正发挥出自身的作用，还需要进行深度开发，形成有价值的档案信息，这一阶段的工作，随着企业档案信息化的发展，企业档案的收集、整理工作已经取得一定进展。

然而，对企业档案进行整理并不是企业档案工作的最终目的，企业档案工作的目标是为企业提供档案服务，提供具有参考价值的档案信息，提高企业档案的利用率。要想达到这个目标，就必须为档案利用者提供一个良好的获取企业档案信息的渠道，即建立企业档案信息开放中心。

7.3.2 构建企业档案信息开放中心的策略

企业档案工作人员的基本职责是对档案资源进行保管和开发利用，企业档案工作人员对企业档案进行收集、整理和编辑，其最终目的是对企业档案进行开发利用。

从整体上看，企业档案的开发利用工作尚不能满足档案利用者的需求，因此需要创新理念，采取有效的措施加快企业档案的开发利用，如从档案产生源头进行管理、做好企业档案工作人员的培训工作、企业档案部门创新服务理念等措施（图7-4）。

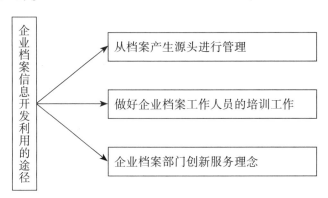

图7-4 企业档案信息开发利用的途径

（1）加大开放企业档案的范围

档案如果不能被利用者使用，那么就不能发挥出潜在的作用和参考价值。同时，《中华人民共和国档案法》指出，各级档案馆的档案在具备安全性的保障下，要尽可能对外开放。

然而，在信息化社会中，可以看到档案馆内的档案信息存在滞后现象，不能满足当代社会的现实需求。随着档案文件服务中心的出现，政府逐渐推行公开信息查阅，档案的开放范围不断扩大。在这种形势下，企业需要考虑加大档案开放力度，转变相关档案服务思路。

①加大档案文件的开放力度。

企业中的档案并不是绝对保密的，有些档案文件可以对外公开，对于这些可以公开的文件，企业需要提供利用服务，这不仅是响应政府的号召，对档案信息进行公开，同时可以扩展企业档案部门的服务范围，对企业有重大的意义。可以从以下几个方面进行。

首先，放宽企业档案的查询时间，即对早年间的档案进行公开。例如，企业员工有时需要查询以往的档案信息，这时企业需要尽可能多地为其提供信息资源，可以通过公开早年间的档案信息来满足企业员工的学习或利用需求。

其次，应用信息化技术方便员工进行查询。例如，员工可以通过登录企业网页进入公司内网，在网页上查询自己需要的信息资料。通过现代信息技术，可以提升企业员工查阅信息的效率，而且查找信息十分便捷。

加大档案文件的开放力度，不仅可以使已经公开的档案文件得到进一步利用，还可以规范档案文件的公开制度，促进馆藏档案实现进一步开放。

随着档案信息化建设的不断发展，可以预见档案工作的范围会不断扩大，相应的，档案的开放范围必将扩大。

②为员工和社会大众提供档案服务。

国家在制定与档案相关的法律、法规时，并没有对档案开放方向进行明确界定，但在实际应用中，很多档案馆的档案只对企业、机关单位开放，很少为社会大众服务。

在企业中，这种情况却发生了变化，如企业的各个部门不再只为本部门的员工提供档案信息服务，同时为其他部门员工提供档案利用服务。因此，企业档案部门可以转变思路，扩大档案服务对象，不仅为全体员工提供档案服务，还为社会大众提供档案服务，以加大企业档案的服务范围。

（2）优化企业档案开放利用方式

企业为档案利用者提供的开放利用方式比较单一，主要通过现存文件利用中心为档案利用者提供服务，使用这种开放利用方式有优点，也有缺点（图7-5），企业应该优化或升级档案开放利用方式。

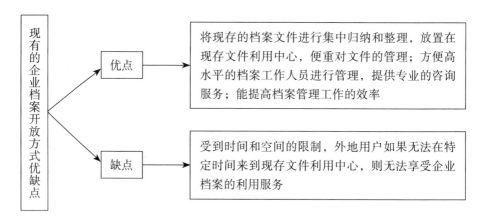

图 7-5　现有的企业档案开放方式优缺点

为了丰富企业档案开放利用方式，使档案利用者查阅档案更加方便，可以在现有的基础上进行优化和升级，利用网络以及网络技术，增加辅助性的查阅方式。例如，为档案利用者提供网上查询的方式，使服务窗口得到最大限度利用。又如，通过网络发布、邮件传递、数据库检索、网站建设等方式为档案利用者提供档案服务。通过这些措施和方式，可以有效丰富企业档案开放和利用的方式，对档案利用者而言，也可以更加便捷地享受到档案开放利用服务。需要注意的是，在进行档案信息内容建设时，需要做到"以人为本"，无论是网站页面的设计，还是信息内容的选择和发布方式等，需要进行人性化考虑。

（3）**加强企业档案开放利用的措施**

企业要想提高档案工作的服务质量，除了需要扩大档案开放的服务渠道，还需要做好企业馆藏档案情况的介绍工作，加大宣传力度，最终使企业档案工作从封闭走向开放，被广大档案利用者所了解。

"好酒也怕巷子深"，在构建企业档案信息开放中心时，即使工作做得再好，不进行宣传，社会大众也无法深入了解档案工作的具体内容，更谈不上提高档案利用的意识了。

因此，企业需要做好档案开发利用的宣传工作，这不仅可以对企业档案起到引导、宣传的作用，还可以加强企业员工或社会大众利用档案的意识，自觉合理地利用企业档案资源，提高企业档案资源的利用率。

同时，为了提高企业档案开放利用的效率，还可以采取以下方式。

第一，利用档案原件或复制件，对档案的原始信息进行收集和整理，为需要的社会组织或公众提供"档案产品"，以满足档案利用者的多元化需求。

第二，做好档案数字化工作，即将存储的纸质档案资料录入电脑，建立档案数据库，采取科学、合理的检索方式，以提高档案查阅的全面性和准确性，这不仅可以提高档案查阅速度，还可以提高企业档案管理的工作效率。

第三，联合各企业档案部门的数据库，将企业档案管理系统进行联网，利用互联网技术，建设档案开放式服务的多种方式和渠道。

（4）做好档案开放利用的保密工作

在对企业档案进行开放利用工作时，也不能忽视档案的安全性，即需要做好保密工作。这里是指正确处理好企业档案信息公开和保密的关系，不能因追求公开而降低甚至失去对档案文件保密性的要求。

在对档案进行开放与利用工作时，必须守好保密的关卡，这需要企业档案工作人员尽职尽责，时刻做好企业档案的保密工作，强化档案保密的意识，坚持"保与放"融合的指导思想。企业档案工作不仅要做好企业档案的开放利用工作，还要做好相对应的保密工作。

在构建企业档案信息开放中心时，需要遵守《中华人民共和国档案法》的相关规定，加快企业档案工作的进程，形成完善的企业档案管理体系，重点做好企业档案的开放利用工作。企业只有不断完善档案的利用制度、开放制度、简化利用手续等，才能使企业档案真正被人们利用，提高企业档案的利用率。同时，在进行企业档案开放利用工作时，需要借助现代化科学技术和手段，不断完善档案服务方式和手段，提高企业档案的工作效率，做到与时俱进，以促进企业的进一步发展。

7.4　深层次编研企业档案

企业档案编研的目的是实现档案信息工作的优化和整合，主要内容是对现存的企业档案资料进行编辑和整理，使其满足企业员工的工作需要，并提高企业档案的社会利用效率。

在对企业档案进行深层次编研时有哪些要求？本节就企业档案编研的要求和内容进行概述，并介绍深层次编研企业档案的策略。

7.4.1　深层次编研企业档案的要求和方法

企业档案的原始信息真实地记录了企业的发展，但这些数据有时是无序的，因此需要对企业档案进行编研。如何做好企业档案的编研工作？这需要企业档案工作人员的努力，不仅要整理企业档案的原始数据，还需要结合企业实际的工作需求对档案信息进行调整和处理，需要满足确保档案信息的真实性、具有实际价值和意义等要求（图 7-6）。

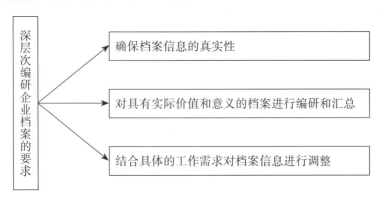

图 7-6　深层次编研企业档案的要求

　　在进行档案编研工作时，需要遵守基本的流程和方法，根据这些方法对企业档案进行深层次编研，满足企业的发展需求。在进行企业档案信息编研工作时，需要注重以下几个方面。

　　第一，选择合适的档案信息资料。对企业档案工作人员来说，他们每天都会接触大量的企业档案，这些企业档案种类繁多、数量巨大，如果对企业档案都进行编研，不仅会浪费大量的时间，也没有多大的意义。因此，在进行编研工作时，需要有所选择，首先选择重要的档案信息进行编研，随后按照档案利用者的需求程度，对档案信息资源进行不同层次的编研，进行合理的规划和划分档案信息，实现科学管理。

　　第二，可以邀请档案管理专家进行档案编研工作。和其他行政工作不同，企业档案的编研工作具有较强的专业性，因此，在进行企业档案信息编研工作时，可以邀请行业领域内经验丰富的档案工作人员或档案管理专家进行编研工作，由其传授档案编研的技巧和方法，以此保证企业档案编研的合理化、科学化。

　　第三，处理企业档案信息时，需要发挥档案信息自身的价值，严格规范程序，确立明确的编研目标，主要包括明确具体的档案编研流程和编研工作完成的时间等。通过规范程序，可以确保企业档案信息编研的整体性和及时性，使企业档案深层次编研顺利进行。

7.4.2　深层次编研企业档案的策略

企业档案编研工作通过研究档案资料内容，全面、系统地整理相关的档案信息，为档案利用者提供更加契合其需求的档案信息，这是企业档案编研工作的核心。

企业档案工作并不是可有可无的，而是企业生产经营活动中不可或缺的一项工作，涉及的范围十分广泛。企业档案是企业重要的信息资源，不仅可以为企业决策提供参考价值，还可以通过对企业档案信息的开发利用，为企业的战略发展提供帮助。从某种意义上来说，档案资源的开发利用程度越高，对企业决策就越有益处，越有助于企业找到正确的发展方向。

（1）根据企业决策进行编研工作

随着全球化的发展，我国企业开始走向世界，面对日益复杂的竞争环境以及国内外市场的变化，企业档案部门的作用日益重要。企业档案工作人员需要对企业档案信息不断进行开发和利用，从大量的企业档案中找到具有重要作用和价值的信息，通过深层次编研，对档案信息进行整理、提炼、开发等工作，最终为档案信息利用者（如领导者、管理者、重要员工等）提供具有参考价值的信息资源。

对企业档案进行深层次编研，可以促使档案利用者从信息中获得灵感、生产经营的创新思路，明确企业的重点发展方向，发挥出档案信息的重要作用，推动企业的长远发展。同时，对档案工作人员来说，进行深层次编研工作可以有效锻炼自身的业务能力，提升专业知识素质，实现自身的价值。企业档案的深层次编研可以从两方面着手。

第一，采取一定的措施，建立良性的档案信息循环体系。为提高企业员工的档案意识，为使企业档案工作和相关办公室工作紧密联系，企业需要采取一些措施，以收集到利用率较高的档案材料。例如，定期开展档案信息展览工作，对企业发生的大事件（如企业发展项目、历年的经济指标、组织机构发生的变革等）进行编写记录。又如，对党代会、职代会等大型会议或各种庆典、重大礼仪活动，甚至是领导现场办公、视察活动进行记录，包括摄影、摄像等方式。

第二，关注企业发展目标以及市场开拓方向。企业要想在市场竞争中获取一席之地，就必须找到合适的市场开拓方向，制定合理的发展目标，否则一切都是空谈。企业的所有职能活动也正是围绕这些目标进行的，企业档案工作也不例外。在进行企业档案深层次编研工作时，需要在企业决策的基础上进行编研，这样才能对档案信息进行有针对性地开发和利用，获得高质量的档案信息编研资源，为管理层决策提供一定的发展方向，从而获得长远的发展机遇。

（2）**制订科学合理的档案编研规划**

在企业中，有很多具有高质量和参考价值的企业档案，对这些档案很有必要编写成册。那么，如何对这些档案进行编研呢？在对企业档案进行深层次编研时，并不是盲目开展的，需要按照一定的流程和计划开展。因此，企业需要制订科学、合理的档案编研计划，其内容包括上级发布的指导性文件、大型档案资料、开展重要活动的档案资料等（图7-7）。

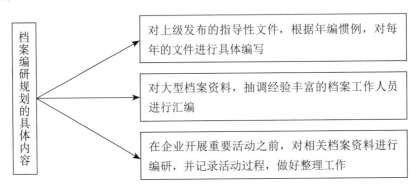

图 7-7　档案编研规划的具体内容

除此之外，在对企业档案进行编研工作时，需要掌握合适的度，尽可能参考完整、全面的相关资料，并做到企业档案的简练、全面，这样档案利用者才能准确、快速找到自己需要的档案信息资源。

（3）**根据馆藏档案资源编研工作**

在对企业档案进行编研工作时，需要以馆藏档案为基础，对那些尚未被利用和开发、原始的、并具有潜力的档案进行编研，然后将其存储到企业档案信息平台，使其变为具有使用价值的信息资源，进而获得经济和社会效益。

同时，还要注意联合各方力量，加强合作，对大多数企业来说，其档案工作人员的编研能力是比较弱的，而企业档案编研工作具有一定的难度，工作量巨大，往往涉及多个部门，加上社会的需求量很大，仅仅依靠个人或一个部门是很难按时完成编研工作的。因此，企业可以采用联合编研的方式，即各个部门合作，共同完成企业档案信息的编研工作。

当然，也可以加大与档案馆的联系，加强合作，打破与档案馆的"壁垒"，由双方共同进行档案编研工作，应用现代科学技术手段，进行网络化编研工作，以开发出具有重要价值和意义的档案信息。

（4）对企业档案编研成果进行利用

随着计算机技术、网络技术的发展，人们进入信息化时代，企业的日常生产经营工作都可以通过计算机进行管理。企业档案工作也不例外，其档案信息的整理、收集、存储等工作都可以利用计算机完成，数字档案的数量越来越多，这为创新企业档案编研工作提供了非常有利的条件。

当前档案编研工作更加注重对档案信息的开发，其目的是为企业的运营提供可利用的档案信息服务，然而，我国企业档案编研工作起步较晚，缺乏系统的理论指导，又没有可以借鉴的成熟经验，同时，档案管理人员的知识结构老化，运用信息技术能力差等。因此，企业档案编研要适应社会发展的需要，企业必须加大档案编研的力度，建立较为完善的编研体系，培养专业的档案管理人才。

第 8 章　企业档案管理实践案例

档案管理是企业管理的发展基础和核心，随着信息化时代的来临，企业档案管理有了根本性的突破，企业档案信息化建设有效提高了企业档案管理效率。

本章对广州市建筑集团有限公司（以下简称"集团"）企业档案信息化建设的案例进行分析，在建设企业数字档案馆（室）一体化平台的过程中，深入分析企业档案信息化建设的必要性和优势，并对相关步骤进行详细介绍。

广州市建筑集团有限公司从档案管理的需求入手，开展企业数字档案馆（室）一体化平台项目建设，并通过设计项目技术路线，制订项目的建设方案、项目的建设内容等，不断深入研究企业档案信息化的创新方向和方法，最终提升档案管理的效率和水平。

8.1　企业档案管理项目背景及建设目标

广州市建筑集团有限公司从集团的统筹管理考虑，基于建筑工程型企业的档案业务特征，并参考《数字档案馆建设指南》《数字档案室建设指南》《机关档案管理规定》等文件，开始建设符合建筑型企业档案管理规范的集团型数字档案馆系统，该数字档案馆系统范围包括集团总部、各板块集团公司及各级企业，为其档案管理提供高效的行政管理、业务监督、业务指导、档案利用等服务。

本节主要对广州市建筑集团有限公司的档案信息化现状和存在的问题进行分析，并介绍了建设企业数字档案馆（室）一体化平台项目的背景和建设目标。

8.1.1　数字档案馆（室）一体化平台项目背景

（1）广州市建筑集团有限公司简介

广州市建筑集团有限公司是广州市国资委直接监管的国有大型企业，自1950 年成立以来，广州市建筑集团有限公司历经广州市国营建筑工程公司、广州市建筑工程局、广州市建筑总公司等发展阶段，并于 1996 年转制为有限公司，2008 年与广州市市政集团、广州工程总承包集团合并重组，2010 年整体衔接中国广州国际经济技术合作公司，同时发起设立广州建筑股份有限公司，将原有建筑主业施工资质及与建筑施工有关的业绩变更到股份公司。

随着企业信息化的发展，目前，广州市建筑集团总部以及二级企业，如广州市市政集团有限公司、广州工程总承包集团有限公司等企业已经使用网络版电子系统，并利用该电子系统对内部电子档案进行管理。其中，档案系统与OA（办公自动化）系统进行对接，可以实现电子文档的一体化管理，广州市建筑集团可以通过此系统每年向广州市档案局移交电子档案数据，具备企业档案信息化建设的基础。

（2）企业档案管理的基本情况

尽管广州市建筑集团有限公司总部具备企业档案信息化的基础，可以通过 OA 系统和档案系统的对接来实现电子文档的一体化管理，但其他子公司或合作企业仍处于手工管理阶段，仅使用简单的单机版档案系统或使用 Excel 表格进行档案目录的登记，尚未形成信息化建设，其问题主要表现在以下几个方面。

第一，集团总部与下属公司档案资源无法共享。

第二，集团总部难以及时掌握下属企业的档案管理动态，难以及时开展档案业务指导工作。

第三，下属各企业档案管理水平不一，档案数据标准不统一，为后续整个集团的数据整合留下隐患。

第四，部分下属公司对档案管理不重视，其档案管理不符合档案局及集团的相关管理标准要求。

第五，部分下属公司在档案管理过程中存在大量重复劳动。

因此，集团总部需要加强企业档案信息化建设，进而对下属公司或企业的档案进行有效管理，提升企业档案管理效率，基于上述现状和问题，集团决定加快企业档案信息化建设的步伐，建设数字档案馆（室）一体化平台。

（3）企业档案信息化建设基础

广州市建筑集团有限公司各板块发展势头强劲，企业对档案的利用率也在大幅提高，随着现代信息技术的出现，企业档案信息化建设成为必然的趋势。同时，企业拥有较好的物质基础和技术支持，因此可以建设数字档案馆（市）一体化平台，提升档案的管理效率。在企业档案信息化建设过程中，广州市建筑集团有限公司具有以下几个方面的物质基础和技术支持。

①业务基础支撑。

目前已建设集团式 OA 协同办公系统，各板块集团公司及各级企业均有利用档案管理系统进行档案工作的基础。因此，广州市建筑集团有限公司的电子档案数据已有一定基础，下一步需要通过企业数字档案馆室一体化平台的建设来达到统筹管理与档案数据资源共享的目标。

②业务能力支撑。

集团领导高度重视档案工作，并把档案工作纳入企业年度工作计划和总体工作部署。集团公司毕然副总经理分管档案工作，办公室主任兼任综合档案室主任，成立了档案工作领导小组和档案鉴定小组，配置专、兼职档案工作人员，其中专职档案人员 3 人，档案中级职称 3 人。集团系统各个单位按集团总公司的要求已经设置有专门档案管理机构、领导分管档案工作，匹配专兼档案工作人员，拥有一批高、中级档案管理专业人才。

③技术及硬件支撑。

集团具备专业的 IT（互联网技术）信息管理部门，同时设有中心机房，中心机房有足够性能及容量的服务器、存储设备及各项安全防护设备，IT 信息管理部门具有专业的人才，因此，广州市建筑集团有限公司具备足够的技术团队及基础硬件支撑。

8.1.2　数字档案馆（室）一体化平台项目目标

（1）制定项目目标的基础

在制订项目建设方案之前，需要对企业档案工作的现状进行分析，即档案业务能力现状和档案信息化现状，这是制定项目目标的前提和基础。

档案业务能力现状包括档案业务活动的运作模式、档案业务对企业实现战略目标的作用、档案业务的特征等，其可以反映出企业远景和现状的差距，帮助企业找到关键问题。档案信息化现状包括基础网络、数据库、应用系统等状况，是对档案信息化基础和能力的评估。

只有对企业档案工作现状进行科学的分析和评估，才能科学合理地制定数字档案馆（室）一体化平台项目的目标，否则，就如同盲人摸象，不能窥见全貌。

（2）项目目标的制定

通过对集团现状的分析，集团拥有强大的技术团队和基础设施，集团领导又高度重视企业档案工作，在这样的背景下，开展建设企业数字档案馆（室）一体化平台十分顺利，其有如下建设目标。

①实现电子档案信息的规范化管理。

实现集团实体档案和电子档案的规范化管理，科学合理地开发利用档案资源。文档资料经各部门、各企业归档处理后统一向电子文档数据中心系统提交，同时系统提供统一的管理和集中存储，以达到全集团档案接口统一的目的。

②实现减少重复劳动，降低数据处理成本。

实现文件档案一体化管理后，各业务系统形成的电子文件可以迅速归档到档案系统中，避免了数据的多次辗转造成的大量重复劳动，减少了数据错误的概率，从而大大降低了数据处理成本。

③实现档案信息资源共享。

以往的档案管理模式下，集团总部与下属各企业的文件档案信息资源都是独立的，就如信息海洋里的一个个孤岛。建立了电子文档数据中心系统后，把各部门、各企业的文件档案资源整合起来，集中管理，形成了一个统一的利用平台，所有的文档信息均通过该系统提供利用服务。

④统一标准、统一规范。

集团各部门、各企业必须依照系统制定的技术标准和规范，对电子文件档案信息进行统一管理，只有这样才能统一数据形式、统一操作规程、统一利用方式。

⑤便于集团总部的业务监督指导。

广州市建筑集团有限公司下属企业体量大且分布于全市各区中，因此集团总部难以及时开展业务监督指导工作，通过数字档案馆（室）一体化平台的建设，集团可以通过系统及时了解各下属企业的档案管理状态、及时发现管理问题并能在线进行业务指导与督办，大大提高了业务指导的效率，提高了集团整体档案管理水平。

⑥推动各企业内部完善制度、体现档案的价值。

部分企业欠缺内部档案管理制度或制度并不完善，通过系统建设的契机，使各项档案管理工作重新运转起来，从而推动内部制度的完善，体现档案的价值所在。

⑦保障档案数据的安全。

部分企业由于对档案数据安全管理方面的重视程度不够，导致服务器、计算机损坏从而丢失多年档案数据的情况出现。建设集团版的档案系统，意味着所有档案数据存储于集团的服务器中，集团的信息安全管理意识较强，且有专人负责相关设备的运维，因此数据丢失的风险将大大降低。

8.2　企业档案管理项目建设方案

在确定项目的建设目标，并获得集团领导支持之后，接下来就需要制订项目的建设方案了。首先，集团需要明确项目建设需求。其次，集团需要明确项目建设的原则和规模。最后，集团需要制定项目建设的技术路线。

8.2.1　企业数字档案馆（室）一体化平台项目需求

在建设企业数字档案馆（室）一体化平台项目时，广州市建筑集团有限公司要明确自己对企业档案的需求，即其档案信息化建设的程度要达到什么样的效果，包括企业档案的管理需求、收集需求和利用需求等。

（1）集团对档案管理的需求

集团在对企业档案进行管理时，需要从多个方面对企业档案进行管理，因此，该系统平台需要满足集团的具体档案管理需求，有以下几个方面。

①能够提供文书、合同、工程档案等相关档案的管理。

②能够提供符合国家档案管理相关标准与规范的词汇、表格。

③适用于档案管理各环节（数据的录入、分类、检索、编目、统计、鉴定、利用管理等）。其中，系统要设置未归档文件模块，要具备案卷级、文件级录入功能，并有转换为档案归档的功能。

④具备对各类档案目录、原文、照片、图像归档及分析和对多媒体进行管理的功能。

⑤可根据需要进行档案数据库的建立、修改、删除及管理。系统提供的参数（如档号定义）、功能（如多门类档案的管理的档案门类扩充）、格式（如统计表、打印格式等的调整）等，需要给用户留有一定的自定义空间。

⑥可保证档案数据的传输、交换、长期保管和长期可读性，为各种不同类型的档案数据，提供通用格式转换接口。

⑦按照国家标准，提供文件归档功能。具体体现在以下几个方面：支持传统方法与新方法两种组卷方式进行人工或自动组卷；允许用户自定义组卷条

件，对各种专门类型档案进行自动组卷；能自动生成档案管理所需各种排列序号，并能由用户自主修改和重排序，保存时有防重号校验功能；文书档案具备国家标准的主题词库。

⑧有自定义档案类型功能，可根据需要增加或修改档案类型的录入界面，浏览界面等。同时，能自定义档案条目要素，录入条目设置应有扩展性，其扩展需要满足多达90项以上的录入条目。

⑨系统提供设置功能。例如，设置档号组成方式、案卷号的生成，其他设置等。例如，录入项的设置，包括应用下拉窗口，时间选项框，以提高录入效率。

⑩有档案报表打印功能，提供灵活报表打印，可自动生成符合档案工作相关标准及各类档案的案卷目录、卷内目录、案卷封面以及备考表等各种表格和标签。同时，提供多种地区、行业报表模版，其报表格式可以任意定义扩充。还需要制定超强报表设计器，可以快捷制作专业报表，并能根据实际需求，对各类表格进行调整和补充。

⑪有档案统计功能，提供文书及科技等各类档案的接收、立卷、查借阅的统计，以及各分类档案的统计功能。例如，年度、月立卷情况统计表、资料接收统计表、借（查）阅统计表等。

⑫档案借阅管理，可提供借阅流程管理，功能分为利用人管理、利用登记管理、利用查询管理、归还管理、遗失统计、利用统计等模块。在借阅管理方面，需要具有档案资料借阅、查阅登记、打印借阅单和归还单等功能，这样在查借阅登记时，就能自动生成查借档案题目、编号等。同时，还具有登记借阅利用情况管理功能、超期自动催还、提供在线申请功能和网上查借阅预约功能。

⑬档案销毁，通过销毁鉴定后，具有自动生成销毁清册及标志的功能。

⑭档案迁移和转换，档案系统应具有对原有档案数据进行迁移和转换的功能，保证原档案数据能正常在新的档案管理系统（含档案利用系统）中使用，满足档案资料迁移和转换需要。

⑮档案用户管理，提供用户分级权限控制，系统有详细的权限设置功能，可定义从系统管理员级到系统访问者级用户的各项权限，并能通过网上在线申请各项权限。系统采用事务追踪，从登录系统，到修改、保存、打印、复制、删除资料的所有操作都一一登记，用户可按权限随时查阅数据处理信息。

⑯档案的安全保密管理，可以有效对企业档案的信息进行防护，确保不会

被病毒攻击、被人为窃取等。

⑰实现严格的系统访问权限控制，包括系统功能权限和数据查询权限，可以按照角色进行赋权，对数据访问权限的控制应该达到条目级，具有防止越权操作的技术措施。

⑱要保证系统对档案数据的采集、存储、处理、传递、使用和销毁按照国家有关保密规定进行。

⑲系统安全保密监控必须能对系统中各种操作实现严格的监控并加以记录。有系统日志管理功能，采用事务追踪，从用户登录系统，到修改、保存、打印、复制、删除资料的所有操作都逐一登记。

（2）集团档案收集和利用的需求

广州市建筑集团有限公司档案部门除了需要对档案进行常规管理之外，还需要收集和利用企业档案，为使企业档案的收集和利用工作更加便捷，需要满足以下需求。

①具有档案数据的输入、存储、修改、删除等功能。

②采用 B/S 模式网络查询利用方式。

③可以根据用户权限来分配查询不同内容。例如，限制或允许打印功能、复制功能及保存文档功能等。

④查阅者可以通过专网对档案资料及合同进行（通过普通查询、综合检索）条目及原文浏览和打印所需资料。

⑤具备对各类档案目录、原文、照片、图像、图纸查看的功能，并支持多种检索方式或者支持多格式文件混编显示。

⑥具备多种途径检索查询的功能，可以设置文件题名、责任者、文件编号等检索项，支持模糊检索和综合检索等。

⑦能根据检索项提供多条件组合查询，并能对常用检索途径进行优化，满足用户查全、查准的需求。

⑧能对查询结果进行显示、排序、打印或原文下载等技术处理。

⑨能够提供多种格式文件的浏览。

（3）项目需求总结分析

广州市建筑集团有限公司在建设企业数字档案馆（室）一体化平台项目时，需要进行总体的规划架构，必须明确集团对企业档案的需求，以及企业档案信息化发展的具体方向和作用。该数字档案馆（室）系统需要便于档案信息的收集、管理和利用，在制订建设方案时，必须进行需求细化，分析档案信息化的过程，将其分解为若干个相互关联、相互支撑、具有具体档案管理功能的需求，并结合每个需求，形成有逻辑、自成一体的档案管理系统，最终实现企业档案信息化管理。

在上述案例中，广州市建筑集团有限公司对企业档案管理需求、收集和利用需求做出了具体描述和要求，便于企业档案管理人员的收集、整理和利用，极大地减少了企业档案管理人员的工作量，提高了档案管理工作的效率，在项目建设过程中，可以根据这些需求制定相关的系统功能，从而形成较为完善的企业档案一体化管理系统。

8.2.2　企业数字档案馆（室）一体化平台项目原则和规模

当明确项目的建设需求之后，并不能立即开始制定项目内容，需要明确项目建设的原则，为后续的项目内容提供指导和建设依据，这同时是企业档案信息化的准则和指导方针，是信息技术部门需要遵守的原则和企业条例，是企业档案信息化的保证。

项目建设的规模则决定了数字档案馆（室）系统覆盖的范围和企业档案管理的效率，在进行项目建设时，明确项目建设的规模是很有必要的，可以避免不必要的资源浪费。

（1）**项目建设的原则**

①统一规划和标准原则。

项目总体建设应遵循国家档案局有关的标准与规范，站在全局的高度，进行系统性规划，包括系统开发过程的控制、开发技术的管理、系统编码、文档编写及提交等，这些过程均应做到规范化，从而最终形成建筑集团档案信息化建设规范、标准。

②先进性原则。

项目设计理念、技术体系、产品选用等方面要求先进，便于扩充，满足系统在很长的生命周期内有持续的可维护和可扩展性。

③实用性原则。

要求项目设计技术先进的同时，要求技术方案实用可行，做到系统功能完善并易于使用，确保系统的生命力。

④可扩展原则。

在系统的设计中，所有产品（包括软硬件）的选型及配置应具有灵活性，满足随着业务的发展而不断增加数据量、用户、软硬件产品的需求。能通过自扩展的方式适应新类型的文件、档案和资料；业务处理功能在一定程度内的增加或变更等需求不会影响系统的体系结构。

⑤安全性原则。

系统设计严格按照国家计算机信息系统安全保密的有关规定和要求，建立有效的安全保障体系，将安全保密方案纳入数字档案馆的总体设计方案。运用先进技术，全面强化安全管理，建立健全防范机制，确保应用系统和档案数据的安全。

（2）*项目建设的规模*

广州市建筑集团有限公司数字档案馆的建设规模是以档案馆的信息化建设为核心，建成网络可达试点覆盖范围的集档案资源收集、保管和利用的档案信息管理系统。其规模建设应符合建筑集团档案管理规范。集团型数字档案馆系统整体建设范围涵括集团总部、各板块集团公司及各级企业。

在规模建设上要注意可以覆盖整个集团，规模不应过小，否则会有所遗漏，导致有的子公司或子企业无法链接到该数字档案馆系统中。同时，其规模也不宜过大，造成资源的浪费，应严格控制项目建设的规模。

8.2.3　企业数字档案馆（室）一体化平台项目技术路线

根据项目建设的原则和规模，广州市建筑集团有限公司可以着手制定项目的技术路线，技术是企业档案信息化过程的关键所在，是不可或缺的手段和途径。

技术路线的制定需要从全局出发进行架构，包括项目使用的设计技术、系统软件、软件平台、网络关系架构等，确保可以为项目建设提供技术支撑。

（1）*设计技术支撑*

在进行数字档案馆（室）系统建设时，需要对电子文件进行集中管理，包括电子文件的传输、存储、管理等，需要用到很多现代信息技术，该系统可以采用内容管理技术、知识管理技术、存用分离技术等，这些先进技术都可以使电子文件的管理更加高效（表8-1）。

表 8-1　项目系统采用的信息技术

技术名称	技术功能
内容管理技术	实现对电子文件内容的采集、管理，数据挖掘、存储、组织、检索、发布利用的文件信息生命周期的管理。将不同类型的数字内容全部以数字化的方式妥善保存起来，并利用足够的信息、高效的查询手段对所保存的数字资产进行检索，用数据挖掘的技术实现对数字内容的智能分析处理，最终使这些数字内容能够得到最充分的利用，价值不断地提升
知识管理技术	以数据挖掘技术为核心建立起来的隐性知识发现与辅助智能分析处理的能力。以信息技术为基础，帮助企业对知识资源进行明晰化、系统化的管理，智能地挖掘潜在的知识规律，利用知识自动化处理替代人工劳动，建立知识共享网络，让所有人都能快速而方便地访问到所需要的信息和知识。知识管理的核心技术包括自动分类、自动消重、自动摘要提取，最新文件、热点文件自动更新
存用分离技术	提出电子文件存储和利用分离，一方面保证电子文件以原信息形态存储在相对稳定的环境中，另一方面保证电子文件在利用过程中不失真，在保持电子文件原信息形态的情况下，可以方便快捷地利用电子文件全信息，同时力求电子文件提供利用时占用较小的网络资源，并探讨电子文件利用时版权保护方式

（2）系统软件支撑

建设数字档案馆（室）一体化平台，需要对电子文件、数字文件进行管理，如设置存储格式、文件传输形式等，这些操作离不开操作系统和数据库的支持。

①操作系统。

文件服务器、应用服务器支持使用操作系统，如 AIX、HP-UX、Windows、Linux 等。

②数据库。

数据库支持 DB3、Oracle、Ms SQL Server，系统只需更改配置即可实现不同数据库间的转换。

（3）系统的软件平台

在对数字文件、电子文件进行管理的过程中，系统的软件平台起到关键作用，不可或缺，包括系统软件、工具软件、应用系统、信息发布系统四种（表8-2）。

表 8-2　系统的软件平台类型

软件系统平台类型	软件系统平台功能
系统软件	提供工具软件、应用软件等的运行平台，系统操作平台
工具软件	提供操作人员在使用电脑时某些方面的方便快捷功能，包括系统中兼容信息固化、全文检索等系统工具系统
应用系统	通过信息的输入、输出、交换、转换、流通、共享等，实现信息管理和辅助领导决策
信息发布系统	根据信息的分类和信息使用者的不同，信息的所有者通过信息发布系统可把信息发布到网络上

广州市建筑集团有限公司需要对这些软件平台进行开发和升级，以方便对数字文件进行有效管理，需要满足以下要求。

第一，系统在组件化的信息系统平台上开发完成，支持多层结构，可以根据需要灵活配置。

第二，信息系统平台以公共组件为核心组成部分，结合业务组件一起来完成面向角色的服务。

第三，安全控制级别体系在系统的各个层次上，支持多种安全控制手段，如用户授权、数据加密、网络控制等。

第四，标准规范接口允许授权用户以标准方式接入，确保系统的可扩展性。

（4）网络关系架构

在对技术线路进行规划时，不能忽视对企业网络关系的整体架构。企业的网络关系是进行信息化建设的基础，如果没有网络，数字文件很难进行远距离传输，会为数字文件的收集和整理带来麻烦，也会制约企业总部对下属企业的档案管理。因此，广州市建筑集团有限公司应该设计好网格关系架构，根据该架构铺设网络，如局域网和互联网的关系架构，如图 8-1 所示。

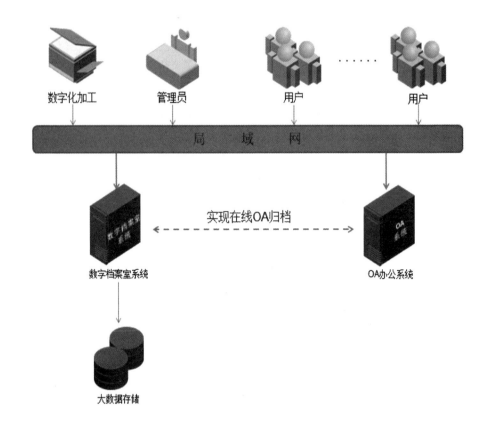

图 8-1　网络关系架构

8.2.4　企业数字档案馆（室）一体化平台项目实施计划

当明确企业档案管理需求，并制定好相关的技术路线之后，广州市建筑集团有限公司需要制订项目实施计划，确保项目可以在规定的时间内完成。

可以采用高起点规划、高标准建设、分步实施的方式，以确保项目分步骤、分阶段完成，使其更加具有条理性。整个项目建设包括项目规划、调研论证、项目建设、试运行、项目验收等阶段，其周期为 1 年（表 8-3）。

表 8-3　项目实施计划

阶段	工作内容	用时（天）
第一阶段：完成前期调研、方案细化、团队组建	合同签署	1
	项目开工会、现场前期考察调研	3
	需求分析	5
	方案细化	10
第二阶段：完成配套软件采购	配套软件采购、安装、数字化设备进场、人员到位	10
	配套软硬件到货验收	5
第三阶段：完成应用系统开发、安装、调试（包括系统试运行）、档案资源建设（数字化加工服务）	完成应用系统开发、安装、调试；完成档案资源建设	181
	阶段验收	15
第四阶段：完成 20 家下属单位系统部署、调试、培训、数据迁移	完成 20 家下属单位系统部署、调试、培训、数据迁移	120
	阶段验收	
第五阶段：完成系统整体组织培训	完成系统整体组织培训、标准编制	15

广州市建筑集团有限公司可以根据项目实施计划按照不同的阶段进行规划，将整个档案信息化建设的过程分为若干个相关关联的期项目，将每一期的项目范围、业务范围、需要用到的资源、预计的时间等进行详细规划，保证档案信息化的顺利实现。例如，在第一阶段做好调研工作，对方案进行细化，并组建相关的技术团队等，保证期项目在相关的指导下可以顺利开展。

8.3　企业档案管理项目建设内容

根据制订的项目建设方案，广州市建筑集团有限公司可以对项目建设内容进行具体规划，采用分层、分模块的设计方法对项目建设内容进行规划，使项目建设内容更加有条理性，层次分明。同时，分模块的建设方式，可以使每个模块的功能分明，在拓展具体功能时也会更加便捷。

广州市建筑集团有限公司将以基础安全平台、数字档案资源管理子系统、大目录中心子系统、业务监督指导子系统、档案利用子系统等模块进行分开建设，使整个项目建设更加具有条理性。

8.3.1 基础安全平台

数字档案室系统软件采用统一的业务开发平台，满足各个业务平台应用系统的开发和定制要求，需要建设基础安全平台，保证各个子系统可以链接到该平台中，同时具有消息集成、常用功能集成等功能，具体包括以下几个方面的功能。

第一，统一登录集成，所有集成到集成平台的子系统无须重复登录，只需要登录集成平台，就可以通过集成平台统一界面快速进入各个系统。

第二，消息集成是数字档案室平台集成的重要体现，所有子系统需要提供消息提醒的功能，可以统一调用集成平台的消息提醒功能接口，推送消息。

第三，常用功能集成，系统提供用户快速进入各个集成功能系统的入口，方便用户快速定位自己经常使用的功能。

第四，公告管理，所有登录到平台的用户都可以查看到集成系统的公告信息。

在进行基础安全平台建设时，可以从档案数字文件产生的机构、企业档案管理人员、安全管理和公告管理等方面出发，进行基础安全平台的功能设计和建设。

（1）机构管理

管理系统用户与现实环境的组织机构，其功能为指定需要使用当前系统单位及对应的信息，如机构代码、机构名称、机构描述等。

如果管理系统用户需要增加机构信息，可以通过点击不同的选项对机构进行修改、删除、调整顺序、查询机构信息等操作，机构的基本信息包括机构编号、机构全称／简称、机构简述等。

（2）用户管理

用户管理属于权限管理的一部分，可提供权限设置的便捷功能，对用户的密码和用户名进行管理，并给予用户相关的权限。

已有权限登录系统的用户还可以修改密码，用户密码存在有效期，要求用户在有效期内必须进行密码修改。密码有效期默认为 1 个月，可根据具体系统需求进行调整。用户初始登录或者密码重置以后，需要在下次登录时重新输入密码。系统密码复杂度策略分为高、中、低三种策略，默认为高级，要求用户密码首个字符为英文字符，密码长度要求 9 位及以上，必须包含字母、数字、标点符号三种。不仅如此，用户管理的功能还包括对用户信息的所属机构进行转移，转移信息包括用户名称、系统登录名、所属机构／部门、身份证号／工作证号等。

（3）角色管理

角色管理是指对角色信息进行管理，可以增加、修改、删除角色，给用户设置角色，给角色授予功能权限、管理平台数据权限、利用平台数据权限，其具有以下功能。

①设置功能权限：设置角色中的用户可以使用系统的哪些功能，细化到具体某个功能菜单下的按钮是否能够被控制。每个功能都有具体 hash 值，系统可以读取具体用户是否有该功能的 hash 代号，防止用户越权访问。

②设置数据权限：设置角色中的用户有读取权限的档案资源，设置用户对具体机构下具体分类的利用权限，设置机构内部用户对本单位数据的管理权限。用户无法查询过滤出自己没有利用权限的档案数据，也无法对自己没有编辑权限的数据进行编辑。

③管理角色用户：分配具体用户到已完成权限配置的角色中，分配后无须对各用户进行单独授权，已完成分配的具体用户自动享有各自角色中的功能权限和数据权限。

④管理用户权限：对系统的数据和功能权限的管理，在这里可以对用户的权限进行设置，通过设置角色权限，所有的成员都自动继承该角色的权限。各个成员又可以进行个性化的权限设置，数据权限是用户对各个单位和档案分类的数据权限，功能权限是设置具有使用哪些模块以及操作的权限。

⑤设置角色用户权限：对不纳入角色组中的用户单独授权可操作的单位数据权限，可以对用户的权限进行设置，是用户对各个单位的数据操作权限的配置。

⑥设置分类权限：对不纳入角色组中的用户授权单位数据权限后，再配置到单位属下的可操作档案门类、档案类别权限。

（4）日志管理

日志管理用于对用户登录系统后产生的各种日志数据进行查看。其日志种类包括登录日志、数据日志、功能日志、异常日志、档案利用日志、安全数据日志等，并且在日志管理功能中，可以对日志进行导入导出操作，其具体功能有以下几点。

①查看日志：进入日志管理模块后，可对登录日志、数据日志、功能日志、异常日志、档案利用日志、安全数据日志进行手动查询。

②导出 Excel 格式：分别对登录日志、数据日志、功能日志、异常日志、档案利用日志、安全数据日志进行 Excel 输出。

③导入 Excel 格式：将手工登记的日志信息导入系统中。

（5）**安全审计管理**

系统安全审计员通过系统日志监控用户使用各个业务系统过程中的行为。包括异常使用 IP 地址排行、功能使用排行、功能使用正常与异常比例分布、系统功能使用频度分布，其具体功能有以下几点。

①用户登录日志：系统安全审计员可自行查询各机构各用户登录日志，包括系统管理员、一般查询用户等。

②异常操作日志：系统安全审计员可自行查询各机构各用户异常操作日志，包括系统管理员、一般查询用户等。

③异常操作情况：系统安全审计员可对异常操作情况进行汇总排查，包括异常下载、异常多次查阅某份文件等。

④用户登录情况：系统安全审计员可对系统用户登录情况进行汇总排查，包括异常使用 IP 地址用户、登录时间、IP 地址等。

⑤功能使用情况：系统安全审计员可对系统用户功能使用情况进行汇总排查，包括功能使用排行、功能使用正常与异常比例分布、系统功能使用频度分布等。

（6）**公告管理**

公告管理是指对系统信息公告的发布与管理，具体功能有以下内容。

①增加公告：系统管理用户可新建一个公告主题，并著录相关公告信息以待发布。

②修改公告：系统管理用户可对公告信息进行修改编辑。

③删除公告：系统管理用户可对公告信息进行删除。

④查看公告：系统管理用户可对公告信息进行查看、预览。

⑤发布公告：系统管理用户可对公告信息进行发布，发布后的公告信息将在登录系统主界面显示。

⑥取消发布公告：系统管理用户可对已发布的公告信息进行撤回操作。

8.3.2 数字档案资源管理子系统

要想对企业档案资源进行管理，需要将所有电子文件汇集在一起，因此需要建立涵盖所有数字档案、能够长期保存和安全的资源总库，即数字档案资源管理库。

数字档案资源管理库需要具备支持接收、检测、编目、格式转换、鉴定、划控、审核等工作流程的功能，该资源管理库具有数字档案管理和辅助实体档案管理等作用。

数字档案资源管理子系统是整个数字档案管理一体化平台的核心系统，包含了数字档案资源总库，可以从以下几个功能模块进行建设。

（1）OA 接收

主要负责接收 OA 系统存在中间库的 SIP（会话初始协议）包，OA 系统将要收集的 SIP 包写入中间表，设置好相关的状态信息。档案系统通过访问中间表，获取 SIP 包，并将 SIP 包导入档案系统。

公文归属单位档案员接收 SIP 包后就可以继续完成整理归档的工作，实现对电子公文的在线归档的支持，其功能包括手工执行、查看详细、查看条目、设置执行接收的一系列参数。

①手工执行接收 OA 数据：通过人工执行程序方式接收 OA 数据，并推送至中间库的数据包的操作。

②查看 OA 批次详情：OA 数据将以批次推送方式推送至数字档案资源管理系统，通过 OA 批次查看详情功能，可查看历史接收 OA 数据的具体情况，包括接收时间、接收数据内容、接收数据数量等。

③查看条目数据：查看 OA 数据中的条目信息。

④设置 OA 接收方式：设置 OA 数据的接收方式，对保存接收数据的数据库进行设置。

⑤接收数据源配置：对 OA 接收数据源进行配置项设置，包括设置数据库类型、IP 地址、端口号、数据库名等信息。

⑥接收确认：对 OA 数据包进行接收的确认操作，当管理员确认数据包无误后可对其进行确认接收操作。

（2）电子文件收集

管理所有收集到的 OA 收发文，对其进行分类整理、归档，并将收集后的电子文件按照未处理、预归档、已归档、无须归档进行分类管理。其主要包括文件整理相关功能，如著录、编辑，电子文件上传、删除、查询、查看、打印等常用管理功能，还包括提供针对文件属性进行批量修改、替换、插入字符的功能，其具体功能有以下几项。

①查看电子文件：用户在收集库中上传的电子文件，档案管理员可对其进行查看。

②著录电子文件：档案管理员对已上传的电子文件进行著录操作，著录电子文件的元数据信息。

③编辑电子文件：档案管理员对已著录的电子文件信息进行修改编辑。

④打印电子文件：档案管理员对电子文件进行打印输出操作。

⑤对比编辑电子文件：档案管理员对编辑后的电子文件与原始电子文件信息进行对比。

⑥删除电子文件：档案管理员对电子文件数据进行删除操作。

（3）**数据导入**

提供批量导入格式化档案数据的功能，包括数据原样导入（包括电子原文），导入的数据在数据采集对应的模块、单位、分类下进行整理和查重后再入库等功能。其中，导入格式支持：Xml 格式、Excel、超越格式、Darms 格式。

（4）**电子文件挂接**

批量挂接功能是指对纸质档案进行数字化扫描，并按一定的命名归档或者目录存储规则存放的电子文件与电子目录进行系统关联的功能，挂接有 2 个方向，包括原文挂条目、条目挂原文。

（5）**电子文件管理**

通过手工录入已归档的电子文件需要进行管理和归档，可以按照以下方式进行归档和管理。

①以件归档档案。

默认按国家档案局《归档文件整理规则》进行按件归档（通常所说的一文一件方式归档）。其中，以件归档档案模块管理的数据是针对具体实体档案的电子目录和电子文件，也提供在线浏览下载的功能。

②以卷归档档案。

默认按国家档案局《文件整理规则》进行按卷归档（通常所说的传统立卷方式归档），主要功能包括文件整理相关功能如著录、编辑，电子文件上传、删除、查询、查看、打印等常用管理功能，还包括提供针对文件属性进行批量修改、替换、插入字符的功能，并具有专门对档案的档号进行排序、拆件、插件的编目功能。

（6）电子文件保存

对系统管理的档案和文件的电子文件的存储位置和空间分配情况进行监控和管理。对电子原文分盘存储进行管理，存储类型分为收集库、管理库、利用库及长期管理库，具体包括以下功能。

①长期保管。

通过手动或者自动方式，对系统保存的文件和档案进行四性检测，即准确性、完整性、可用性、安全性检测。

通过档案元数据标准设置里的元数据标准约束检测文件的信息完备正确，以保证文件的准确性和完整性，并通过文件转换和文件封装手段保障文件可用性和完整性以及文件的安全性。系统还支持通过内容识别的方式，检查文件的内容是否包含安全敏感的内容。

同时，需要对文书、照片、录像、录音类等类型的数据进行检测，确保其准确性、完整性、可用性、安全性。

②格式转换。

通过手动或者自动方式，对系统保存的文件和档案进行格式转换。对图像、文本类档案，可以设置水印，然后换成有水印的 PDF，对音频、视频类档案转换成 FLV 在线浏览格式。

（7）电子文件检索

对电子文件进行检索，是企业员工常见的操作之一，因此需要满足员工多元化的检索需求，需要提供以下检索方式和功能。

①目录检索。

以某个字段对全库的档案包括文书和声像档案等所有类型的大目录进行检索，检索结果以目录列表的形式返回，提供查看详细元数据及文件内容的功能。

②分类检索。

按分类对档案进行检索的多条件组合检索。检索项目可在分类模板设置中配置，检索结果以目录列表的形式返回，提供查看详细元数据及文件内容的功能。

③全文检索。

对已经识别的文件内容进行全文检索。查看电子文件时，可以看到关键标注为不同颜色。

④综合检索。

对全库的档案包括文书和声像档案等所有类型的大目录进行检索，检索结果以目录列表的形式返回，提供查看详细元数据及文件内容的功能。

（8）电子文件编研

辅助档案室编研工作的管理功能，包括拟定编研专题、资料收集、相关档案的归集、对编研进行编辑等，其流程如下：在编辑页面检索室藏档案数据，把需要的档案数据引入编辑页面，对已创建好的编研生成 PDF、并能够上传专题的封面，最终打成一个编研成果数据包。

不仅如此，编研管理还可以提供数字档案室系统在线展示利用和发布到其他利用系统的功能，并对编研成果分类自定义。

8.3.3　大目录中心子系统

依照规定用于接收各单位档案室所有档案目录数据，形成统一的目录查阅管理平台，该系统的主要功能模块有以下三项。

①目录移交接收：按门类录入数字档案目录和内容数据。

②目录管理：提供对目录数据的增删改、整理、打印等各项功能。

③目录查询统计：对目录数据实现查询和统计功能。

8.3.4　档案利用子系统

档案利用系统，其主要功能是为内部工作人员和外部来档案室人员，提供完整的档案利用过程，包括对来档案室人员身份的登记，提供账号进行自助查询。同时，公众人员可以快速检索到需要的电子文件目录和电子文档。对于公众人员需要打印、下载、借阅查看原件等需求，系统提供严格、快捷的审批流程，高效地满足来档案室的人员的查阅需求，具体模块功能有以下几项。

（1）公开档案检索

公开档案检索包括档案的目录检索、分类检索、全文检索、综合检索等功能，对于没有权限查询的档案可以提出实体借阅申请或者全文调阅申请。

（2）查档申请

申请人在档案利用服务点对非公开档案信息提出利用申请时，由工作人员检索出要利用的信息，在核对申请人身份和必要的证明材料后，在自身权限范围内为申请人提供所要求的利用服务，对于非自身权限范围内的请求，必须通过内部审批流程由相关领导审批通过后，临时对该工作人员访问该信息分配相应权限以提供申请人所要求的利用服务。

（3）跨企业查档申请

对跨企业的查档调档进行申请，经过相关领导的审批授权后，可以开放全文查阅或者进行实体档案调阅。

（4）编研成果展示

到单位查档的人员可以对于档案室提供查档服务进行评价，以非常满意、满意、一般、差进行打分，方便档案室工作人员工作改进。

（5）利用统计

档案室对到单位查档的人员利用目的、利用人次、利用反馈效果进行统计分析，形成打印报表。

8.3.5 业务监督指导子系统

业务监督指导子系统主要实现档案的业务指导、工作监督和年检等方面的功能。

业务指导方面主要实现工作目标管理、工作计划管理、统计年报管理等功能。

工作监督方面主要实现对各立档单位的档案工作情况进行实时监督，以便及时发现问题，全面推进集团档案管理工作，监督的内容包括档案移交情况、室藏情况和其他工作情况。

档案年检方面主要实现收集和管理各下属单位根据国家档案局（馆）规定填报的年检报表。业务监督指导子系统的具体功能模块有以下几项。

（1）工作检查和上报

工作检查和工作上报主要功能是利用业务监督指导子系统对管辖范围内的各下属单位档案室业务工作进行监督和指导。

工作检查是指通过系统功能了解掌握各下属单位档案室的业务工作情况，对各下属单位档案室填报的信息进行执法检查和指导，统计汇总对比立档单位填报的数据。同时，根据立档单位填报的信息上传检查报告，并根据档案工作年度评估评分标准进行评分。

工作上报是指填报考核评估表和执法检查全部项目内容，包括现场图片和上传相关的文件。

（2）工作评估和评估统计

广州市建筑集团有限公司不能忽视对企业档案的工作进行评估，主要包含以下两个方面。

①评估评分。

按照年度评估表进行自评并接受档案馆的在线评分。

按照档案行政执法检查要求，细化任务，量化标准，从档案工作机制、制度建设、保管条件、基础业务、档案信息化工作、开发利用等方面，强化对各基层单位档案室的档案工作的监督和管理，以便发现问题，及时督促整改。

②评估工作统计及分析。

自定义对比单位数量，自定义年度，自动通过柱状图或曲线图横向和纵向对比年度评估和执法检查的全部量化内容。

8.3.6　定制功能改造和定制接口开发

定制功能改造是指根据建筑工程档案的特点，针对档案子系统进行开发，以满足建筑工程档案管理的需求。定制接口开发是指将建设工程档案子系统与广州市建筑集团有限公司的 OA 自动化系统进行对接，以满足接口需要。其具体功能有以下几项。

（1）建筑工程档案子系统开发

针对建筑工程档案的特点，单独开发工程档案将以类文书方式进行管理，体现工程档案的管理特点。专门开发工程档案管理子系统，实现工程档案表单式管理。

（2）定制接口开发

与广州市建筑集团有限公司 OA 办公自动化系统对接，实现单点登录集成，机构用户同步集成。实现电子公文自动归档、业务数据自动归档，减少人工采集工作量。

与广州市建筑集团有限公司工程业务系统平台对接，实现业务数据自动归档，减少人工采集工作量。

文档一体化接口，以符合国家元数据标准《文书类电子文件元数据方案》（DA/T 46-2009）、参考国家电子文件封装标准《基于 XML 的电子文件封装规范》（DA/T 48-2009）更符合实际系统应用，设计更稳定的结构 XML 数据包作为 OA 接口数据载体。以中间库堡垒的数据交互模式，作为 OA 系统与档案系统之间数据对接的方式。

8.3.7　企业实体档案数字化处理

上述一系列建设完成之后，数字档案馆（室）一体化平台建设就已经初步完成，数字文件可以在上述系统中进行分类、著录、管理等。除此之外，广州市建筑集团有限公司可以将现有的纸质档案、录音录像档案等各种载体形式的档案进行数字化处理，形成数字文件，便于进行传递、存储、查询等操作。

一般来说，纸质档案数字化处理需要经过调查、整理核对、目录数据录入、原件拆卷、档案扫描、数据存储、质量检查、光盘刻录、数据挂接、原件装订、档案归还、质量检查等过程，而其他类型的档案数字化过程都很相似，只是在扫描仪和扫描技术方面有所区别，本小节以纸质档案数字化处理流程为例进行讲解。

（1）调卷

调卷数量控制为一周工作量，做到一周内扫完一批，周一上午调卷，周五下午还卷，扫一批还一批，数据提交一批，环环相扣，责任到人，将档案遗失风险降到最小。遵守库房管理制度，严格遵守保密制度，妥善保护、保存档案，其过程如下：

第一，项目组中有专门调卷工作人员，和库房人员一起，到档案局库房，根据清单，提取相应的案卷，对提取的档案逐页清点，共同进行案卷内容、目录、数量的核对，确保不出任何差错。

第二，清点结束，双方在档案调借清单上确认签字。

第三，档案保管人员与调卷人员共同进行全宗、目录、数量的二次核对，档案保管员进行数量统计，并进行登记，填写"借档还档登记表"。

第四，将档案放入临时档案保管柜，锁好，注意安全保存。其中，临时档案柜的存放位置由档案局工作人员指定。

（2）整理核对

广州市建筑集团有限公司具备精通档案管理的专业人员，管理整理核对工作，核对人员必须工作认真细致，小心谨慎，严禁一切破坏档案的行为，并严格遵守保密制度，其过程如下：

第一，整理人员到档案保管人员处领取当日需要扫描的档案，进行登记，并派专门人员到目录室，把该批档案的目录取出来。

第二，按照档案整理的标准，依据目录对照档案原件再次核对，主要包括对照目录逐份逐页检查档案原件，如果发现错误疏漏，则在档案局工作人员的指导下，进行改正或者做出正确标识，同时，填写差错报告。

第三，有重复的文件、未解密的文件要剔除，有正式的文件不扫描原稿，将档案原件的装订线拆除，排好顺序，不得出现任何漏缺页及顺序差错，更不能对档案原件有任何损坏，填写整理情况登记表。

第四，检查档案实体的页码，档案实体的页码按顺序连续排列，但如有漏页码可视具体情况处理。

①中间任意两页之间有需补编页码的，如P7与P8页之间有4页没有编页码，则依次编为"007-1，007-2，007-3，007-4"。如没有页码的是一份文件的首页，则将该页编为正码，其他依次编为副码，如P7与P8之间有一页未编码，而该页正好是P8所在文件的首页，则将该页编为008，而原P8编为008-1。

②出现跳号，如文件内容完整连贯，编码时把第一页编为001，第二页编为004，然后在备注注明P2、P3为跳号，无实际内容。

③检查档案目录，使档案目录内的案卷和卷内目录与每卷档案查改后的目录一致。

④打印档案目录，结合整理排序结果打印档案目录。

（3）目录数据录入

目录数据录入人员要严肃认真，逐条核对，在档案局管理人员的指导、监督下，进行编制。根据整理核对人员整理的档案目录，对档案目录进行重新录入，其过程如下：

第一，对照档案原件，检查卷内文件目录的所有项（包括案卷号、顺序号、文号、责任者、题名、日期、页号、保管期限），保证其正确、完整，并与实体文件一一对应，仔细检查每份文件，一份文件对应一条目录，编制目录。

①文件题名，一般照实抄录；若文件没有标题或原标题不具体，不能反映文件内容（如"通知"），则需重新拟定题名，加拟或重拟的题名附于原题名之后，外加"[ ]"，以示区别；"任免""表彰"等文件题名通常只标注一个或部分人名，应在原题名之后加上涉及立档单位的其他有关人员名字，并外加"[ ]"。

②文件编号，一般照实抄录，不能随意删减、省略、要写全，其中表示年度的数字不足4位的要按公元纪年的要求补足4位，年份外侧的括号一般用中括号"[ ]"。

③责任者，用全称或通用规范简称。

④文件时间，写全年月日，格式：××××.××.××

⑤备注，需要说明的情况或参见档号。

⑥分类号、主题词标引，按照相关标准，在档案软件中标引出主题词和分类号。

第二，将档案原件目录对照数据库内的数据（已有）检查，如发现错误疏漏，在档案局档案系统管理人员指导下，进行改正，如果目录有错漏，必须进行修正，并进行工作统计登记，填写"目录修改登记表"，责任到人。

（4）原件拆卷

原件拆卷人员，自备拆装工具，严格遵守相关业务规范，在不损坏原件的前提下操作，其过程如下：将档案原件的装订线拆除，排好顺序，不得出现任何漏缺页及顺序差错。登记造册，填写"查拆登记表"，交付档案扫描人员。工作统计登记，责任到人。

（5）档案扫描

对传统档案进行扫描时，需要根据档案类型的不同，采用不同的扫描仪和扫描技术，以纸质档案扫描为例，其扫描的过程分四步。

第一步，采用柯达 i1405 专业文件扫描仪，采用流水线作业方式；第二步，扫描人员到拆卷人员处领取文件，当面清点，核实无误，双方进行登记；第三步，如果发现错误，进行原件拆卷的返工；第四步，扫描完成，进行清点，按原先顺序放回档案袋，交付原件装订人员。需要注意的是，在档案扫描过程中其工作统计登记，责任到人。

在进行扫描工作时，根据档案原件质量的情况，将纸质较差的放置在平台扫描仪上单页扫描；只有纸质较好的档案原件才高速扫描，其扫描要求有以下几点。

第一，档案扫描必须采用专业文件扫描仪，对部分新文书档案可进行拆卷扫描；对纸张状况较差，过薄、过软或超厚的档案需采用平板扫描，不得损坏纸质档案。

第二，以彩色模式扫描，分辨率为 300 dpi；对档案页面字迹清晰度差或带有插图的档案，采用灰度或彩色模式扫描，分辨率为 300 dpi 或更高，采用 JPEG 格式存储；对文字偏小、密集、清晰度较差，没有插图等情况的档案，采用灰度或真彩扫描，分辨率为 300 dpi 或更高，存储为 TIFF 文件。

第三，保留原扫描的每页图像文件，文件名采用档案局规定的方式。图片

的扫描精度要求 ≥ 300 dpi，达到扫描后的图像清晰、不失真、完整、不影响图像的利用效果；电子图片的倾斜度达到视觉上基本不感觉偏斜为准，不允许有折叠或缺损，要保持图像的完整，图片端正、无扭曲。

第四，档案扫描中发现文件粘连一起时，则需在不损坏档案载体信息量的前提下，细心分开，将可以识别的信息全部扫描；存储格式按多页 TIFF 的格式进行保存，每份卷内文件为一个多页 TIFF。保存多页 TIFF 文件时，要注意核对好页码顺序，不得缺漏页。

第五，图像文件命名：目录号 / 案卷号 / 档号 + 流水号进行对应命名，确保能够入库；扫描完成后必须指定专人进行核查，检查扫描效果、TIFF 文件内的页码顺序、文件名是否正确。

（6）数据存储

对数字档案进行存储并不是一件简单的事情，需要经过以下步骤。

第一，数据存储人员对扫描后的数据进行检查，与原件进行核对，与文件编码进行核对，核实无误后，存储在临时存储区域；如果档案之中含有图像，则需要对图像进行纠偏、去噪等处理。

第二，数据存储人员位置交换，重复上述工作，核实无误后，将临时存储区域的数据放入光盘刻录区域，同时，进行存储介质备份，防止数据毁损。如果发现错误，则进行扫描返工。

第三，将同一份完全采用黑白二值模式的扫描文件合并成多页 TIFF 格式存储，文件名采用 13 位数字组成，即全宗号 3 位，目录号 4 位，案卷号 3 位，顺序号 3 位。对工作进行统计登记，及时完成"检查问题登记表"，责任到人。

（7）质量检查

检查人员对前面所有工作进行详细检查，要求保证扫描形成的图片文件与卷内文件一致，编号无误，清晰度和格式符合标准。

（8）光盘刻录

文件刻录人员，将扫描形成的图片文件，全部采用优质刻录、一式两份光盘，并提供详细目录清单，分为以下几个步骤。

第一，到光盘刻录文件夹，根据全宗，选择相应档案数据，检查光盘是否有划痕，是否是优质光盘，确保光盘质量。

第二，进行光盘刻录，一式两份光盘，并建立光盘目录，一式两份目录。

第三，位置互换，进行目录的再次核对；如果发现错误，填写"核查问题登记表"，进行返工；工作统计登记，责任到人。

（9）数据挂接

数据挂接人员，将扫描获得的每个图片文件，对照修订后数据库原有的目录数据，逐份点击、链接，导入数据库，并将导入后的数据备份，再采用优质光盘刻录，提供详细清单，可以使用手动挂接和自动挂接两种方法。

（10）原件装订

在进行原件装订工作时，需要遵守以下要求：保持档案的排列顺序不变，安全、准确、无遗漏；以卷为单位的实物档案，三孔一线，装订牢固；以件为单位的实物档案，用不锈钢钉装订还原。

（11）档案归还

在进行档案归还工作时，需要遵守以下要求。

第一，档案归还人员，对档案逐页清点，办理归还手续。根据调卷登记表，对档案逐页清点。不得有差错。

第二，办理归还手续，填写"借档还档登记表"；如果发现错误，进行返工；工作统计登记，责任到人。

第三，当天借出的档案，必须当天归还到临时档案柜，锁好档案柜，不得将任何档案带出工作间或摆放在工作间。

第四，每周五下午，必须将临时档案柜中的档案交还档案局库房，确保档案安全。

（11）质量检查

在档案著录及数字化加工过程中，要注重全面的质量检查，加强数据的质量控制。质量检查应包括以下几方面。

①数字化前的档案整理检查。要进行数字化的档案原件必须完整、排序正确，对折损严重，影响扫描质量的原件应预先修整。

②在扫描过程中，不得对档案原件造成损伤，不得涂改、污损档案内容等，要确保档案实体、内容的完整与安全。

③扫描图像应与原件一致，清晰、不变形、不失真，不得漏扫，扫描文件内各页顺序要与原文件内容一致，确保扫描文件的完整、真实。

④数字化后的数据质量、图像质量检查。扫描后的文件图像应尽量保持档案的原貌，字迹清楚不失真，幅面摆放正确，亮度适当，既没丢失信息，又无增加信息，无错扫、漏扫，对文件图像质量有问题的应重新扫描。

⑤数据挂接检查。将机读目录数据库与已扫描的档案扫描图像文件进行挂接，形成一一对应关系，保证档案目录数据（包含案卷目录和卷内目录）与扫

描图像 100% 正确对应。

8.3.8　企业档案数字化保障建设

（1）行政管理制度

为保障企业数字档案馆（室）一体化平台项目建设的顺利进行，需要制定相关的行政管理制度，其制度有以下几条。

①每个参与实施人员和管理人员在入场前，都必须接受有关的档案管理、保密等方面的法律法规、规章制度等培训，并取得相应上岗资质，以减少重大失误的产生，提高实施质量。

②实施工作开展之前，明确每个人的工作职责及相应的注意事项，配备合适的实施工具，安排合适的工作环境，尽可能降低人为失误。

③每批档案在整理核对工作结束后，由项目经理组织对整理核对工作的复查，发现差错，由整理核对人员更改。

④每批档案在扫描工作结束后，由项目经理组织对扫描数据复查，出现顺序问题或缺漏现象时，由扫描人员负责重扫。

⑤每批档案在装订成卷后，由项目经理组织对装订顺序复查，出现问题，由工作人员重新装订。

⑥每批档案在数据挂接工作结束后，由项目经理组织复查，出现问题，即时纠正。

⑦项目施工中，每周由项目经理总结本周的成果和问题，对需要改进或纠正的问题及时进行综合分析，并将相应的处理方案更新到下一周的工作计划中进行实施，保证项目实施质量。

⑧项目阶段验收后，项目经理根据对质量、进度等方面的综合分析，将相应的处理方案更新到下一阶段的工作计划中进行实施，保证项目实施质量。

⑨项目总验收时，由项目经理与档案馆工作人员共同进行总体检查。

⑩数据复查时，采用交叉检查的方式进行，对发现错误的工作人员适当予以奖励。

⑪复查及修改均需保留完整记录。

⑫错误修订不得跨日，不得影响正常工作。

（2）安全保密措施

所有工作人员在开始本项目施工前必须接受一次由单位组织的档案保密教育，并向广州工程总承包集团有限公司提供书面档案保密承诺，需要严格遵守以下要求。

第一，严格遵守国家法规，严格遵守档案局有关档案管理的规定。

第二，档案原件处理完成后必须立即原样归还，不得损坏和丢失档案原件；不得私自复制任何档案文件，严禁将复制的档案文件带出工作场所。

第三，所有使用的存储设备及计算机要进行登记，数据复制要有记录。

第四，数字化处理过程中产生的废纸必须存放在指定的纸箱内，每星期集中清理一次。清理时安排专人对纸张进行仔细检查，确保其中没有夹带任何档案文件后才能清出工作场地。

第五，加强人员管理，工作时间禁止会客，不得将外人带入工作现场。

第六，加强安全管理，安防人员要确保工作场地的电器安全运行。随时检查电源、照明、空调等设备是否正常，防止漏电、漏水和电源故障。

第七，项目完成后，所有机器设备中的广州工程总承包集团有限公司文件和档案内容必须删除，确保无任何单位文件和档案内容后才能将设备撤离。

第八，提供保证档案实体和档案信息安全的具体措施和承诺，并与广州工程总承包集团有限公司签订安全保密协议。同时，在工作期间必须遵守相关保密制度。

8.4 企业档案管理项目效益分析

8.4.1 数字档案馆（室）一体化平台项目效益

档案是一种重要的本源性信息，档案信息资源作为一种反映企业经营过程的真实记录，是企业的宝贵历史知识财富。

根据项目建设方案和项目建设内容，实施该项目建设，项目建设完成之后，可以看到广州市建筑集团有限公司的档案业务办理工作更加规范，可以有效整合档案数据资源，为集团总部及各下属企业提供在线、电子化的档案利用与查阅服务，实现档案工作规范化、统一化、科学化，提供了坚实的信息化基础。

通过建设这个项目，能够整体提高集团企业档案管理水平，提高企业档案服务利用率，提高档案管理质量，提高业务管理工作效率，减低业务管理成本，具体效益有以下几个方面。

第一，实现档案资源的统一管理，由原始的手工作业和大量纸质文件管理替换为电子档案的信息化管理。极大提升档案管理水平和工作规范，提升本集团档案管理及业务指导的协同性和科学化。同时，拓展档案信息资源利用的广度和深度，使信息资源在全集团的范围内得以利用，能更好地贯彻党和国家的方针政策。

第二，实现多渠道的、全面的数据档案服务，为集团及所属各级企业提供快捷、优质的服务。建立信息资源数据库，严格按国家制定的最新标准规范和数据格式，建设一批能对主要企业工作和重大决策提供支持的数据资源库，为保证档案信息交换、实现档案信息资源共享创造条件。

第三，实现档案数据资源整合，将分布在各下属企业的档案信息资源加以整合，利用挖掘，最大限度地发挥档案信息资源的价值，为领导的科学化决策提供强有力的支持。同时，有助于集团树立良好形象。

第四，通过网络化、数字化管理，不仅实现了档案业务处理过程快捷高效，提高了档案管理质量，同时大大减少档案管理部门人员的工作量，起到节省人力、物力的同时提高工作效率的目标。

8.4.2 数字档案馆（室）一体化平台项目总结

在建设数字档案馆（室）一体化平台项目的过程中，广州市建筑集团有限公司利用自身现有的基础，组织项目团队建设数字档案系统，通过该系统平台对数字档案进行集中管理，从而实现企业档案的高效管理，可以说，企业档案信息化是大势所趋，更是时代的必然要求。

（1）数字档案馆（室）一体化平台项目建设过程

纵观整个项目建设，可以将项目建设过程分为三个阶段，每个阶段的工作内容和方式都不相同。

①项目计划阶段。

项目计划阶段以集团总部为起点，对企业档案信息化现状和现有的问题进行分析，并确立项目建设的目标，制订相关的项目建设方案，开展数字档案馆室系统建设，以 OA 系统对接企业档案系统，设计其项目需求、技术路线等，完成企业档案数字化系统的设计。

②项目实施阶段。

项目实施阶段按照项目方案的内容开始具体实施，利用现代信息技术设计系统，并分为不同的模块进行，自上而下、功能分明地设计数字档案一体化平台，分别完成不同子系统的建设，并将其进行集成，形成统一的数字档案馆（室）一体化平台，可在该平台中顺利完成对数字档案的收集、分类、整理、管理和利用等。

③项目管理阶段。

企业数字档案馆（室）一体化平台建设完成之后，需要对企业档案信息进行集中管理和建设，包括企业档案数字化处理、质量保障系统的建设等，建立相关的管理制度和安全保障措施，对档案数字资源和实体资源进行开发利用工作。

在企业档案信息化建设的过程中，每个阶段都有很多细节需要完善，企业需要根据自己的需求进行不断调整，最终实现对数字档案的有效管理和利用。

（2）数字档案馆（室）一体化平台方式

广州市建筑集团有限公司对企业档案进行信息化建设，其目的是深化档案资源的开发利用，提高企业档案的利用率，在这个过程中，采取了以下方式。

第一，建设覆盖集团及集团下属企业的档案管理模块，使集团总部可以有效接收来自下属企业的档案资料，然后再着重建设数字档案资源管理系统，以实现企业档案资源的集中共享。

第二，建设企业档案大目录中心子系统，将目录集中，形成统一的目录查阅管理平台，通过档案目录实现资源共享；建设企业档案利用子系统，实现企业档案的充分利用。

第三，结合数字档案资源管理系统和目录中心系统，形成统一的平台，可以在平台中实现企业档案资源的管理和利用，比如，可以通过该平台对企业的数字档案进行基本管理，如分类、著录、整理等工作，又如，可以通过该平台充分利用企业数字档案，对企业档案进行查询、申请、统计等，为企业的发展提供信息支撑。

第四，建设其他辅助子系统，帮助数字档案馆（室）一体化平台的建设，可以有效监督和指导企业档案工作。

第五，为提高企业档案资源的利用率和管理效率，需要将企业档案资源进行数字化处理，形成数字文件，这不仅可以增加数字档案资源管理系统的资料，还可以提高企业档案的流通速率，方便档案利用者进行查阅。

参考目录

[1]　胡蝶.企业档案管理工作研究[M].长春：吉林人民出版社,2018.

[2]　宫晓东.企业档案管理体系的建设与运行[M].北京：中国工商出版社,2014.

[3]　四川省档案局.企业档案管理实务[M].成都：四川人民出版社,2017.

[4]　郑利达.新时期企业档案管理与创新初探[M].长春：吉林人民出版社,2017.

[5]　卜鉴民.改制企业档案管理实践与创新[M].苏州：苏州大学出版社,2017.

[6]　许智.民营企业档案管理概论[M].武汉：武汉出版社,2003.

[7]　虞巧灵,石磊.企业文书与档案管理[M].武汉：华中科技大学出版社,2011.

[8]　施晔红.企业文书与档案管理实务[M].武汉：武汉大学出版社,2011.

[9]　李和平.《企业档案工作规范》实施指南[M].北京：中国档案出版社,2010.

[10]　张斌.新经济时代的企业档案管理[M].北京：中国档案出版社,2007.

[11]　中国档案学会企业档案学术委员会.企业档案管理风险与评估[M].北京：中国文史出版社,2018.

[12]　齐明.企业档案分类与管理[M].天津：天津科学技术出版社,2016.

[13]　王雨.企业档案信息化建设理论与实践[M].延吉：延边大学出版社,2018.

[14]　郭团卫,朱兰兰.企业档案管理实务[M].郑州：郑州大学出版社,2014.

[15]　中国档案学会.新常态下企业档案工作的变革与发展：2015年企业档案工作论文集[M].北京：中国文史出版社,2016.

[16]　覃兆刿.企业档案的价值与管理规范[M].上海：世界图书上海出版公司,2011.

[17]　北京师联教育科学研究所.企业档案管理规定[M].北京：学苑音像出版社,2005.

[18]　虞灵巧,石磊.企业文书与档案管理[M].2版.武汉：华中科技大学出版社,2018.

[19] 蔡盈芳 . 企业数字档案馆建设理论与实践 [M]. 北京：电子工业出版社 , 2018.

[20] 李颖 . 数据时代面向知识共享的企业文件与档案管理研究 [M]. 北京: 人民出版社, 2019.

[21] 数字档案馆建设与发展课题组 . 中央企业数字档案馆建设与发展：神华档案信息化实践 [M]. 北京：中国经济出版社 , 2017.

[22] 赵展春，海南，王玉杰 . 企业信息与档案管理 [M]. 北京：高等教育出版社, 2014.

[23] 赵娜，韩建春，宗黎黎，等 . 信息化时代的档案管理精要 [M]. 天津：天津科学技术出版社 , 2018.

[24] 胡元潮，郑金月，彭移风 . 档案管理理论与实践：浙江省基层档案工作者论文集（2017）[M]. 杭州：浙江工商大学出版社 , 2017.

[25] 肖秋会 . 档案信息组织与检索实验教程 [M]. 武汉：武汉大学出版社 , 2016.

[26] 王遵主编 . 现代企业文件与档案工作实用教程 [M]. 北京：中国人民大学出版社, 2000.

[27] 卢爽，时文清，王军朋，等 . 文书与档案管理 [M]. 北京：北京理工大学出版社, 2012.

[28] 丁栋轩，刘海平 . 文书档案管理基础 [M]. 北京：科学普及出版社 , 2007.

[29] 冯瑜编 . 档案工作研究与创新 [M]. 济南：山东省地图出版社 , 2007.

[30] 李和平，国家档案局经济科技档案业务指导司 . 《企业文件材料归档范围和档案保管期限规定》实施指南 [M]. 北京：电子工业出版社 , 2013.

[31] 谢蔓 . 浅议新时期企业档案管理 [J]. 经营管理，2013，22（34）：64-65.

[32] 黄瑛 . 论新时期企业档案管理 [J]. 机电兵船档案，2015（5）：37-39.

[33] 郑志超 . 马钢企业档案管理的发展历程及未来构想 [J]. 安徽冶金科技职业学院学报，2006（1）：93-95.

[34] 朱明慧 . 浅析我国企业档案管理体制——制度发展历程 [J]. 机电兵船档案，2015（4）：28-30.

[35] 刘红远 . 如何在创新中完善企业档案管理工作 [J]. 价值工程，2011，30（11）：125-126.

[36] 常金玲，宋鹏杰 . 面向知识管理的企业档案管理创新发展 [J]. 兰台世界，2016，23（11）：43-45.

[37] 李颖 . 档案记忆观视野下的企业档案管理探析 [J]. 档案学通讯，2013，（1）：31-34.

[38] 黄静 . 政府信息公开与档案利用服务工作整合的可行性研究 [J]. 档案学通讯，2010（6）：391-395.